# AWSTRALIA, GWLAD YR AUR

## TEITHIAU I AWSTRALIA DRWY LYGAD

## Y BALEDWYR CYMRAEG

# AWSTRALIA, GWLAD YR AUR

*Teithiau i Awstralia drwy lygad y baledwyr Cymraeg*

RHIANNON IFANS

CYMDEITHAS LYFRAU CEREDIGION GYF

Cyhoeddwyd gan Gymdeithas Lyfrau Ceredigion Gyf.,
Blwch Post 21, Yr Hen Gwfaint, Ffordd Llanbadarn,
Aberystwyth, Ceredigion SY23 1EY.
Argraffiad cyntaf: Gorffennaf 2008
ISBN 978-1-84512-073-3


Methwyd ag olrhain deiliaid hawlfraint llun y *Mignonette* ar dudalen 82. Ymddiheurir os troseddwyd mewn unrhyw fodd. Gwahoddir deiliaid yr hawlfraint i gysylltu â'r cyhoeddwr er mwyn cynnwys cydnabyddiaethau cywir mewn argraffiadau pellach.



Cefnogwyd y gyfrol gan Gyngor Llyfrau Cymru
Argraffwyd yn yr Eidal

*Darlith Tucker 2008*

*Prifysgol Cymru Llanbedr Pont Steffan*

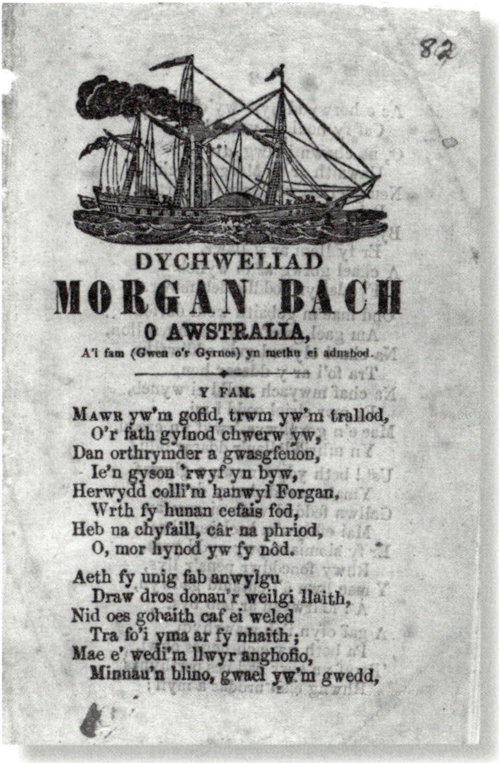

82

DYCHWELIAD

# MORGAN BACH

O AWSTRALIA,

A'i fam (Gwen o'r Gyrnos) yn methu ei adnabod.

Y FAM.

MAWR yw'm gofid, trwm yw'm trallod,
O'r fath gylnod chwerw yw,
Dan orthrymder a gwasgfeuon,
Ie'n gyson 'rwyf yn byw,
Herwydd colli'm hanwyl Forgan,
Wrth fy hunan cefais fod,
Heb na chyfaill, câr na phriod,
O, mor hynod yw fy nôd.

Aeth fy unig fab anwylgu
Draw dros donau'r weilgi llaith,
Nid oes gobaith caf ei weled
Tra fo'i yma ar fy nhaith;
Mae e' wedi'm llwyr anghofio,
Minnau'n blino, gwael yw'm gwedd,

*Wyneb-ddalen baled Isaac Thomas, Aberdâr,*
*trwy ganiatâd Llyfrgell Genedlaethol Cymru*

# AWSTRALIA, GWLAD YR AUR: TEITHIAU I AWSTRALIA DRWY LYGAD Y BALEDWYR CYMRAEG

Aur! A'r man a'r lle? Orphir yn Ne Cymru Newydd oedd y man, a 12 Chwefror 1851 oedd y diwrnod hafaidd hwnnw pan drawodd Edward Hathgraves ar ffortiwn. O'r eiliad honno ymlaen dechreuwyd cloddio o ddifrif am aur, a buan y daeth sôn am y rhuthr am aur Awstralia yn hysbys ar bum cyfandir. Daethpwyd o hyd i feysydd eang yn Clunes, Ballarat, Castlemaine, a Bendigo erbyn diwedd 1851, ac yn Beechworth erbyn 1852.[1] Yr oedd pob copa walltog am fod yn ŵr bonheddig, a hynny ar fyrder. Daeth cwynion i law ynghylch arafwch y gwaith o symud yr aur o Bendigo i'r

1 Edward J. Bourke, *Bound for Australia: The loss of the emigrant ship TAYLEUR at Lambay on the coast of Ireland* (Dublin, 2003), t. 8.

llongau oedd yn aros amdano yn Melbourne. Ond serch pob anniddigrwydd, ym mis Awst 1852 fe gyrhaeddodd yr *Albatross* borthladd Lerpwl yn cario gwerth £50,000 mewn aur o'r cloddfeydd yn Awstralia. Aur! Yr oedd yn wir!

Rhwng 1852 ac 1857 tyrrodd 226,000 o entrepreneuriaid i Wlad yr Aur: can mil o Saeson, trigain mil o Wyddelod, hanner can mil o Sgotiaid, wyth mil o Almaenwyr, pedair mil o Gymry, tair mil o Americanwyr, a mil a hanner o Ffrancod. Nid oedd y ganran Gymreig yn enfawr, mae'n wir, ond parodd ddigon o sôn amdani yng Nghymru. 'Y mae mwy o son am Awstralia yn y dyddiau hyn nag am un wlad arall ar wyneb y ddaear. Y mae miloedd ar filoedd o'n hen gydwladwyr wedi cyrhaedd yno eisoes, a channoedd yn cychwyn allan agos gyda phob llanw.'[2] Diau fod David

---

2 David William Pughe (1821–62), *Gwlad yr aur, neu, Gydymaith yr ymfudwr Cymreig i Australia: yn cynwys Hanes y Cyfandir Australaidd, y Trefedigaethau Prydeinig ynddo, ac Ardaloedd yr Aur, eu Tir, Hinsawdd, Masnach, Cyflogau, Deddfau, &c., &c.; yn nghyda lluaws o Ffeithiau o ddyddordeb a phwys arbenig i'r Ymfudwr* (Caernarfon, ?1852), t. 1; ar derfyn y gwaith cyhoeddwyd hefyd 'Cân yr ymfudwr' gan Ebenezer Thomas 'Eben Fardd' (1802–63), dyddiedig 21 Awst 1852.

William Pughe yn euog o beth gorliwio, ond ymhen dim o dro cyhoeddwyd cyfrolau i helpu ymfudwyr o Gymru i gartrefu yn y wlad newydd.[3] Yr oedd pawb a'i fryd ar fod yn berchen ar y dwst mân melyn.

Roedd y syniad o deithio i ben arall y byd yn ddigon i godi ofn ar y dewraf, ac roedd aml un wedi llwfrhau yn wyneb y fath fenter. Siawns na welodd ambell enaid yr un llong erioed cyn byrddio, ac o wneud hynny go brin y byddai wedi gweld amodau mor frawychus yn ei hoedl. Er bod ambell un yn gyfarwydd â derbyn llythyrau o Awstralia gan berthnasau a oedd eisoes wedi ymfudo yno, neu wedi eu hanfon yno yn gosb am drosedd,[4] i'r mwyafrif, aur y wlad newydd oedd yr abwyd, ac roedd hwnnw'n ddigon i'w hudo i bellafoedd byd.

Canwyd nifer o faledi Cymraeg yn trafod gwahanol

---

3 Gw., er enghraifft, John Williams 'Glanmor', *Awstralia a'r Cloddfeydd Aur* (Dinbych, 1852). Yn ogystal â helpu'r ymfudwyr i gartrefu byddai cyfrolau o'r fath yn rhoi syniad da i'r sawl a adawyd ar ôl yng Nghymru fach o'r hyn a wynebai'r anturiaethwyr cynnar.

4 Gw. cyfrol Deirdre Beddoe ar y carcharorion benywaidd: Deirdre Beddoe, *Welsh Convict Women: A study of women transported from Wales to Australia, 1787–1852* (Barry, 1979). Am fanylion llyfryddol ar y Cymry yn Awstralia gw. Ceris Gruffudd, *The Welsh in Australia: a Bibliography*, sydd ar wefan Llyfrgell Genedlaethol Cymru, Aberystwyth: http://www.llgc.org.uk/lp/lp0040.htm

agweddau ar deithio i Awstralia.[5] Hanes ymfudwyr yw'r mwyafrif. Pwy oedd yn mynd? Arloeswyr ieuainc oedd yn arwain y ffordd. Aent draw i edrych y wlad ac, yn ôl a welent, annog eu teuluoedd i'w dilyn. Dro arall teithiai unigolion yno gyda'r bwriad unllygeidiog o wneud eu ffortiwn cyn dychwelyd i gynnal eu teuluoedd yng Nghymru. Ar dro siawns, ceid unigolyn o ferch yn teithio ar ei phen ei hun i'r wlad newydd.[6]

Yn y faled 'Teimlad Margaret Aubrey ar ei hymadawiad i Awstralia' gan fardd anhysbys, ceir holl nerth y cerddi melodramatig hynny sy'n nodwedd ar y bedwaredd ganrif ar bymtheg. Mae Margaret Aubrey ar fin byrddio'r llong a fydd yn ei chludo dros bellafoedd y

5 Am sawl cerdd ymddiddan (nas trafodir yma) ynghylch ymfudo i Awstralia gw. Huw Walters, *Cynnwrf Canrif: Agweddau ar Ddiwylliant Gwerin* (Cyhoeddiadau Barddas, 2004), tt. 275–96.

6 Cofnod dadlennol iawn yw dyddiadur Keturah Davies o Eglwyswrw yn sir Benfro sy'n gofeb o fordaith dwy chwaer draw i Wlad yr Aur. Ymfudodd Keturah (23 oed) a'i chwaer Jane (21 oed), y ddwy yn ddibriod, i Awstralia yn ystod haf 1860 ar y *Schah Jehan*, gan adael Plymouth ar 23 Awst a chyrraedd Port Adelaide ar 2 Rhagfyr. Trafodir trefniadaeth y llong, rhyferthwy'r stormydd, a'r amgylchiadau hynod anghyfforddus oedd yn rhan llawer o'r teithwyr. Bu farw Keturah o dwymyn 28 diwrnod ar ôl glanio; priododd ei chwaer a chael byw hyd nes ei bod yn 54 oed. Am drawsysgrifiad o'r dyddiadur gw. http://www.jlb2005.plus.com/wales/keturah/

môr i Awstralia. Ar 11 Hydref 1863, ddeng mlynedd a rhagor wedi darganfod aur yno am y tro cyntaf, teithiai wrthi'i hunan fach heb sôn am na chymar na chyfaill i rannu gofalon taith hir a helbulus i hemisffer y de.

Beth a barai i ferch deithio ar ei phen ei hun i Awstralia yn y bedwaredd ganrif ar bymtheg?[7] Ni nodir rheswm dros y siwrnai yn y faled hon. At ei gilydd roedd elfen o orfodaeth yn y rhelyw o achosion ymfudo, boed hynny oherwydd tlodi, cosb, neu orffennol anfelys.[8] Ni cheir fawr ddim sylwedd yn y gerdd oni bai am deimladau Margaret Aubrey yn golchi drosti yn genllif geiriol. A oes yma edrych ymlaen? Rhyw ddisgwyl pethau gwych i ddod? Rhyw gyffro? Nac oes, yr un llygedyn. Fel hyn mae'n agor:

---

7 Ni chyhoeddwyd astudiaeth ar hanes merched Cymru yn y meysydd aur, ac ni nodir mai i'r meysydd aur yr oedd Margaret Aubrey yn teithio, ond gw. astudiaeth Lesley Walker, 'From Old Wales to New South Wales: Locating Welsh Immigrants in Colonial Records 1875–1885' (MA Prifysgol Sydney, 1995).

8 Yn achos Joseph Jenkins (1818–98), fferm Trecefel ger Tregaron, ffoi oddi wrth ei ddyledion o chwe chan punt, alcoholiaeth, gelyniaeth ei deulu, a'i orffennol anghlodwiw ei hun oedd y bwriad pan adawodd ei gartref wedi nos ar 8 Rhagfyr 1868. Ymhellach arno gw. William Evans, *Diary of a Welsh Swagman 1869–1894* (Melbourne, 1975); Bethan Phillips, *Rhwng Dau Fyd: y Swagman o Geredigion* (Aberystwyth, 1998); id., *Pity the Swagman: The Australian Odyssey of a Victorian Diarist* (Aberystwyth, 2001).

Ow! Fore rhyfeddol sydd wedi 'ngorddiwes,
Yn orlawn mae'm mynwes o alaeth yn awr;
I lawr dros fy ngruddiau y dagrau a dreiglant,
Wrth 'fadael â'm rhiaint rwy'n waeledd fy ngwawr.[9]

Roedd y ferch ar y cei ar dorri ei chalon wrth iddi ffarwelio â'i rhieni, ei brodyr a'i chwiorydd, ac â'i bro enedigol, sef Penydarren ger Merthyr Tudful ym Morgannwg. Merch ifanc ddibriod, bedair ar bymtheg oed oedd Margaret Aubrey pan gychwynnodd ar y daith hon, ac yr oedd yn gryn ymgymeriad.[10] Mae ofnadwyaeth y profiad sydd o'i blaen yn bygwth ei

---

9 LlGC, Baledi a Cherddi 7, baled rhif 148, pennill 1, llau 1–4.

10 O edrych ar Gyfrifiad 1861 yr oedd Margaret Aubrey yn 17 oed ac yn byw yn 14 Church Street, Penydarren, gyda'i thad a'i mam, Richard (59 oed ac wedi ei eni yn Llanddarog, sir Gaerfyrddin) a Mary Aubrey (51 oed ac yn enedigol o Ferthyr), ei brawd John (21 oed) a'i chwaer Catherine (10 oed). Ond mae'r faled yn cyfeirio at 'frodyr' a 'chwiorydd' yn ffarwelio â hi ar y cei ac felly aethpwyd i chwilio Cyfrifiad 1851 a chael bod gan Margaret ddwy chwaer hŷn, sef Jane oedd ddeuddeng mlynedd yn hŷn na Margaret, a Hannah oedd naw mlynedd yn hŷn na hi. Sonnir am frawd o'r enw Job yng Nghyfrifiad 1851; yr oedd ef yn deirblwydd oed (a Margaret yn chwech oed) ond nid oes sôn amdano ef yn 1861 a cheir cofnod o farwolaeth rhyw Job Aubrey o Ferthyr Tudful ym mis Rhagfyr 1857. Colier oedd Richard Aubrey yn 1851, ond gweithiai yn y gwaith haearn erbyn 1861. Nid yw enw Margaret Aubrey yn ymddangos yng Nghyfrifiad 1871, nac yn wir yn yr un Cyfrifiad arall.

llethu, a'i hunig gysur dan y fath amgylchiadau yw troi at Dduw. Mae'n annog ei theulu i weddïo drosti – am ei diogelwch a'i llwyddiant – ac mae'n gofyn nawdd Duw drosti ei hun, fel y gall ymwroli a'i rhoi ei hun yn llaw Duw a than gysgod amddiffynnol croes Crist:

> O! nertha fi bellach, O! Arglwydd bendigaid,
> I roddi fy enaid wrth ymyl y groes.[11]

Efallai nad oedd ymagweddiad Margaret Aubrey yn un hyderus os credir popeth a ddywedir wrthym yn y faled, ond mae lle cryf i gredu y byddai poblogaeth Awstralia yn ei derbyn â breichiau agored. Credent hwy fod merched o Gymru yn gyfrwng i wareiddio'r wlad. 'Outside (as well as inside) the walls of the chapels it was Welsh women who were accorded the role of being the ultimate civilizing force.'[12]

Beth oedd atyniad y faled hon i'r gynulleidfa Gymreig? Cofnodwyd yma deimladau sy'n nodweddiadol o'r bedwaredd ganrif ar bymtheg. Roedd dylanwad crefydd yn gryf ar y faled, yn plethu drwyddi ac yn

11 LlGC, Baledi a Cherddi 7, baled rhif 148, pennill 4, llau 5–6.
12 Bill Jones, 'Welsh Identities in Ballarat, Australia, during the late nineteenth century', *Welsh History Review*, xx (Gaeaf 2000), t. 303.

rhan o batrwm byw a meddwl y ganrif, a dyna'n rhannol sydd i gyfrif am ei phoblogrwydd. Ond beth arall? Ai'r elfen o dosturi? Yn sicr manteisiai'r baledwr ar gydymdeimlad parod ei gynulleidfa ag eiddilwch meddwl Margaret Aubrey wrth iddi wynebu anferthedd ei hantur. A beth am yr elfen leol? O'i chanu yn ardal Merthyr Tudful gallai'r faled ennill arian da i'w datgeinydd, gan fanteisio ar hiraeth y sawl a adawyd ar ôl yn alarus o golli cwmni Margaret Aubrey – neu unrhyw Farged arall petai'n mynd i hynny, oherwydd dalient mewn cof nad hi oedd yr unig un i geisio porfeydd brasach. Wythnos cyn i'r llong hwylio a Margaret Aubrey ar ei bwrdd, cafwyd y nodyn a ganlyn yn *Y Gwladgarwr* dan y pennawd 'Dowlais':

> Mae yr ysfa ymfudol yn parhau yn yr ardal yma, ac mae y gweithwyr goreu yn cymeryd eu hadenydd yn wythnosol o'r hen wlad am wlad newydd, rhai tuag America, rhai tuag Awstralia, a rhai i wledydd ereill, nes y mae y pudlers wedi myned yn brin iawn, yr hyn bob amser sydd yn dyfod a newydd dda i'r gweithwyr, oblegyd

dywedir, y cyhoeddir codiad yn yr hiriau y bythefnos nesaf.[13]

Er na ellir ond dyfalu beth a barodd i Marged fentro i ben draw'r byd, mae ambell faled arall yn datgan yn go blaen beth oedd y prif ysgogiad i hwylio'r moroedd. Goroesodd tair baled sy'n esbonio'n eglur pam y mentrai llanciau Cymru i fyd mor ddieithr. Yn y faled 'Cân ar fynediad y Cymro i Awstralia' gan R. Hughes[14] mynegir agwedd wahanol iawn i'r hyn a gafwyd gan y baledwr anhysbys uchod. Ni cheir gan 'y Cymro' rithyn o deimladrwydd dagreuol Margaret Aubrey. I'r gwrthwyneb. Ni nodir alaw benodol ond mae'n ddigon hawdd dychmygu'r penliniau'n jigio wrth ei chanu, a'r traed yn tapio gan mor hwyliog y geiriau. Ie, cân ac iddi dipyn o ysbryd yw cân Mr Hughes, a'r cytgan yn tanlinellu ei hegni hwyliog, diddan-ddifyrrus – i'r dim ar gyfer swyno cynulleidfa awyragored y ffair, a'u perswadio i ildio'u ceiniogau. Mae'r cyfarchiad agoriadol harti, a'r ymwneud rhwng y datgeinydd a'i

13 *Y Gwladgarwr*, 3 Hydref 1863, t. 5.
14 Argraffwyd y faled gan Thomas Howells, Merthyr Tudful; ceir y testun yn LlGC, Baledi a Cherddi 18, baled rhif 44.

gynulleidfa, yn ddengar iawn. Wedi denu'r gwrandawyr i'w gylch, mae gofyn eu hudo i aros hyd ddiwedd y perfformiad – pan fydd y cap casglu pres yn cael ei anfon o law i law drwy'r dorf.

Neges blaen sydd gan y baledwr: mae ar ei ffordd i Wlad yr Aur. Ategir hynny yn y cytgan, gydag anogaeth rymus i bob un sydd â hanner owns o synnwyr cyffredin i ymuno ag ef ar ei daith:

> Wel dewch yn awr, ymunwn oll
> Fel Brython calon bur,
> Er 'mofyn peth o'r aur sy'n stôr
> O fewn Awstralia dir.

Does yma ddim hel dail. Bwriad calonnog y cantor yw rhydio'r moroedd i Awstralia i wneud ei ffortiwn yn y gweithfeydd aur. Nid dim ond ef ei hun sy'n cael elwa – mae'n ddigon parod i rannu'r ysbail. O ailadrodd y cytgan ar ôl pob un o'r saith pennill gobeithia'r cantor y bydd wedi dwyn perswâd ar rywun erbyn diwedd y perfformiad i fod ymysg y criw joli a fydd yn wŷr bonheddig cyn bo hir. Pwy sy'n cael mynd yn ei sgil? Rhestra gydag afiaith yr holl rai o bob gradd a phroffesiwn sy'n abl i'r daith. Mae'n rhaid canfod yma gyfatebiaeth i un o gerddi Thomas Edwards 'Twm o'r Nant' (1739–1810)[15] yn ei anterliwt *Tri Chryfion Byd*, sef 'Cân y Galwedigaethau'. Rhestra R. Hughes bob modd ar broffesiwn oedd ar gael yng Nghymru'r oes fel rhai addas i fyw bywyd llewyrchus draw yng Ngwlad yr Aur. Yn wir, tyrrai pobl wrth eu cannoedd i chwilio am well byd:

> Mae rowlers, founders, fillers,
> A'r tincers yn gytûn,
> Y pudlers, hitchers, hauliers,
> A'r Navy 'n benna dyn;
> Mae'r ffarmwr a'r melinydd,
> A'r cariwr, pannwr, gwŷdd,
> A'u rhodiad am Australia dir
> Yn llon, heb neb yn brudd.[16]

Synhwyrir yma adlais llenyddol o gân boblogaidd y bardd o'r Nant wrth iddo yntau, dros hanner canrif

---

15 *Y Bywgraffiadur Cymreig hyd 1940* (Llundain, 1953), t. 183; *Cydymaith i Lenyddiaeth Cymru*, gol. Meic Stephens (Caerdydd, 1997), t. 219.

16 LlGC, Baledi a Cherddi 18, baled rhif 44, pennill 3.

ynghynt (1789), enwi'r holl alwedigaethau y medrai rhywun droi ei law atynt er mwyn osgoi mynd yn dlawd. Yn union cyn i'r Ffŵl, Syr Tom Tell Truth, ganu'r gân hon (ar yr alaw 'Y ddime goch') bu'r hen wrach, y Widdanes Dlodi, yn brolio'i hawdurdod dros boblach y ddaear, a'r modd y bu'n rheoli drostynt â llaw galed:

O! meistres erwinol wyf fi ar weinied
Mi dorres hyd y nentydd yma lawer o denantied,
Rhai fydde'n meistroli mewn balchder ac oferedd,
Ond myfi fydd eu meistres nhw yn y diwedd.[17]

Ateb i fygythiadau'r wrach yw 'Cân y Galwedigaethau', lle nodir pedwar ugain a deg o swyddi penodol, heb sôn am y rhai amhenodol, y gellid eu meistroli er mwyn osgoi syrthio i grafangau Tlodi. Cân yn nhraddodiad y cwlwm tafod yw hon, cân sydd yn brawf ar y cof a'r tafod,[18] ac mae'r traddodiad o restru gwrthrychau neu enwau diddiwedd yn mynd yn ôl yng Nghymru i'r chwedlau: i chwedl 'Breuddwyd Rhonabwy' lle disgrifir

---

17 *Tri Chryfion Byd*, gol. Norah Isaac (Llandysul, 1975), t. 23; ymhellach ar faledi Twm o'r Nant gw. Rhiannon Ifans, 'Celfyddyd y Cantor o'r Nant', *Ysgrifau Beirniadol*, xxi (1996), tt. 120–46.
18 Rhiannon Ifans, *Sêrs a Rybana* (Llandysul, 1983), tt. 61–2, 163–5.

y marchogion yn dod at Arthur, ac i chwedl 'Culhwch ac Olwen' lle mae'r cyfarwydd yn gorfod rhestru enwau di-ben-draw. Dyfynnir yma bennill o 'Cân y Galwedigaethau':

> Y Gof a'r Saer ar gyfer sydd,
> A thylwyth Crydd a Theiliwr,
> Y Tanner crych a'r Tynnwr croen,
> A'r Gwŷdd mewn poen, a'r Pannwr;
> A'r Tinceried hwythe'n curo,
> A'r Melinydd yn mileinio
> Ac yn tolli cymaint allo;
> Brickl'ers, Masiwns, yn dra misi,
> Nailors, Tilers, yn cyd-holi,
> Pob teiladaeth rhag tylodi.[19]

Mae'r faled 'Cân ar fynediad y Cymro i Awstralia' yn drawiadol o debyg. Prif ddiben y faled hon eto yw codi hwyl a chodi arian, ac yn sicr mae modd gweld yma elfen o ddyheu am y 'man gwyn man draw', yn enwedig felly tua'r terfyn. Beth yn benodol sy'n denu'r cwmni i dir Awstralia? Dyma'r pennill clo:

---

19 *Tri Chryfion Byd*, gol. Norah Isaac (Llandysul, 1975), t. 30.

Wel bellach dewch, ymunwch oll,
Tua gwlad y rhyddid awn,
Lle nad oes treth na degwm trwm,
Ein llwyr ddigoni gawn;
'Does yma ond sôn am gwmpad pris
I'r gweithiwr ar bob awr,
Ac eto cwnnu'r enllyn
Mae'r gwŷr â'r boliau mawr.

A dyma'r cytgan sy'n glo i'r gerdd (noder ei fod yn wahanol i gytgan y penillion cynharach):

Wel haeddu ei wasgu mae pob dyn
Na fentra dros y môr,
Gan fod Awstralia'n wlad i bawb
I gasglu'r aur yn stôr.

Pam oedd Cymry Cymraeg y ganrif yn teimlo bod yn rhaid iddynt adael gwlad eu mebyd? Mae'r ateb yn ddigon eglur yn y faled.[20] Caledi'r bywyd Cymreig sy'n dod uchaf ar y rhestr, ac roedd darganfod aur yn Awstralia yn 1851 yn ymddangos yn ateb delfrydol i anawsterau bywyd bob dydd yng Nghymru dlawd. O

20 Trafodir y rhesymau ymhellach yn Ben Bowen Thomas, *Drych y Baledwr* (Aberystwyth, 1958), tt. 74–82.

hynny hyd ddiwedd y ganrif hwyliai llongau gorlawn o ymfudwyr a chloddwyr am aur tua'r trefedigaethau ar dro siawns y caent ddychwelyd yn wŷr cyfoethog. Yn wir, yn ôl cytgan olaf y faled byddai'r sawl na fyddai'n neidio ar y llong gyntaf i baradwys yn ddyn neu fenyw eithriadol dwp.

Ond a yw hwn yn ddarlun o realiti'r bywyd Cymreig yn y cyfnod? Mae'n rhaid edrych tua'r haneswyr am gadarnhad o ddarlun y baledwr. Ac adrodd stori go debyg a wna'r rheini.[21] Gwlad o gyni, ac o grafu bywoliaeth o dir digon anhydrin oedd Cymru yn ystod y bedwaredd ganrif ar bymtheg. Ym mis Awst 1843, meddai un o'r milwyr a fu'n ddigon anlwcus i gael eu lletya yng Nghymru adeg gwrthryfel Beca, 'This is Rebecca's country … Mountain, rain, and sheep as thin as yesterday's broth.'[22] Nid oedd ryfedd yn y byd fod y

---

21 Russell Davies, *Hope and heartbreak: a social history of Wales and the Welsh, 1776–1871* (Cardiff, 2005); id., 'Voices from the void: social crisis, social problems and the individual in south-west Wales, *c.* 1876–1920' yn *Politics and Society in Wales 1840–1922: essays in honour of Ieuan Gwynedd Jones*, goln G. H. Jenkins a J. Beverley Smith (Cardiff, 1988), tt. 81–92.

22 David J. V. Jones, *Rebecca's Children: A Study of Rural Society, Crime, and Protest* (Oxford, 1989), t. 1.

Cymry'n gwrthryfela ac yn codi eu pac.[23]

Ond sut bynnag yr oedd bywyd yn trin y Cymry, mae'n anodd peidio â chael eich dal gan ysbryd llawn gobaith y baledwr, gŵr hyderus ei farn, ac un awyddus iawn i eraill elwa ar ei weledigaeth. Ni cheir gair o sôn ganddo am annifyrrwch y daith drosodd,[24] nac am y caledi a wynebai'r newydd-ddyfodiaid ar ôl cyrraedd y wlad ddieithr wrth iddynt ymgodymu â bywyd o waith caled.[25] Nodyn anturus, egnïol, cwbl gadarnhaol

---

23 Ar amrywiaeth o achosion protest drwy Gymru benbaladr yn ystod y bedwaredd ganrif ar bymtheg gw. *People and Protest: Wales 1815–1880*, goln Trevor Herbert a Gareth Elwyn Jones (Cardiff, 1988).

24 Yr oedd hanner y carcharorion a gâi eu cario i Awstralia yn marw cyn cyrraedd; yn ôl adroddiad un Pwyllgor Seneddol nid oedd byd yr ymfudwyr fawr gwell, a nifer o ferched yn marw o ddiffyg maeth. Ymhellach gw. *British Parliamentary Papers Report from select committee on emigrant ships* XIII (1854).

25 Cofnodwyd profiad un Cymro yng Ngwlad yr Aur yn y golofn 'Cymro yn Australia' yn y cyfnodolyn *Yr Awstralydd*; nid oedd yn fêl i gyd, fel y dengys y disgrifiad o'r daith i'r 'aurgloddiau' (Awst 1870), tt. 178–80. Disgrifir 'y poethwynt ystormus oedd yn casglu eu nerthoedd i ruthro dros y wlad', a'r newid a fu yn un o'r gweithwyr o fod yn 'heinif a llawen' i fod yn 'isel a disiared. Wedi gofyn iddo yr achos, dywedai "Ddarfu i chwi ddim sylwi, greaduriaid deillion — dim llai na deg-ar-hugain o ysgerbydau anifeiliaid meirw a'u hesgyrn yn cànu yn y gwres ar hyd ein llwybr o Melbourne hyd yma! Gwlad yn difa ei phreswylwyr yw hon yn siwr i chwi."'

yw ei eiddo ef, yn canolbwyntio'n unig ar lendid ei freuddwyd.

❋

Canwyd am ysfa dyn i forio i wlad bellennig i wneud ei ffortiwn hefyd yn y baledi ymgom rhwng mam a mab wrth i'r mab ystyried gwneud ei ffordd i'r tir pell. Enghraifft ddifyr o'r *genre* yw baled Evan Griffith 'Ieuan o Eifion' (*c.* 1859), 'Cân hiraethlon mam ar ôl ei mab oedd wedi mynd i Awstralia ynghyd ag atebiad y mab', i'w chanu ar yr alaw 'Purwen'.[26] Amlygir ynddi'r berthynas agos sydd rhwng y fam Gymreig a'i mab. Yn draddodiadol mae'n wraig rinweddol, yn gref, yn wydn yn wyneb anawsterau, ac yn un nad yw'n rhwydd torri grym ei hewyllys. Ai dyma hefyd ei diffygion? Ochr dywyll ei rhinweddau yw'r ffaith nad yw'n rhwydd

26 Diolchir i Phyllis Kinney am yr awgrym fod cysylltiad rhwng yr alaw 'Purwen' a'r mesur 'Mentra Gwen gyda'r wawr'; ymhellach gw. nodyn Daniel Huws ar yr alaw 'Y gwŷdd' yn ei nodiadau i'r caneuon yng nghasgliad Maria Jane Williams *Ancient National Airs of Gwent and Morganwg* (Cymdeithas Alawon Gwerin Cymru, 1988), t. [11]. Cenir ateb y mab ar y mesur 'Diniweidrwydd' (8.7.FM); arno gw. Phyllis Kinney, 'The Tunes of the Welsh Christmas Carols (I)', *Canu Gwerin*, 11 (1988), tt. 46–7.

iddi ollwng gafael. Ym maled Ieuan o Eifion mae'r fam yn ceisio rheoli dyfodol ei mab drwy gynhyrfu ynddo deimladau o euogrwydd. Gwna ddefnydd o'i hawdurdod drosto yn ystod ei blentyndod a'i lencyndod i lywio'i feddwl a'i benderfyniadau hyd yn oed wedi iddo ddod i oedran gŵr.

Yn llinellau agoriadol y faled mae'r fam yn cyfarch ei mab wrth ei enw anwes, Bili bach. Dymuna wybod a yw'n iach, hynny'n gymysg â chanmoliaeth o'r ffordd y bu iddi ei fagu 'Yn annwyl ar fy mronnau', gan feddwl na fyddai cannwyll ei llygad byth yn mentro allan o Gymru. Ond mynd a wnaeth. Cododd hynny gymaint o hiraeth yn ei mynwes fel ei bod yn darogan ei diwedd o fewn byr amser, er iddi ddygymod â marwolaeth ei gŵr a magu ei mab mewn tlodi dirfawr. A'r diolch a gafodd am ei dygnwch a'i haberth?

> Mae'th ddiofalwch oeraidd
> Bob dydd i'm gyrru'n bruddaidd,
> Heb ennyd awr yn hafaidd,
> Wrth gofio'th eiriau mwynaidd, Bili bach.[27]

---

27 LlGC, Baledi a Cherddi 5, baled rhif 28, pennill 5.

Ond gan mai dyma'r rhagluniaeth a ddaethai i'w rhan, mae'n dymuno gras y nef ar Bili bach, ac yn ei annog i gywir gredu yn yr un 'Fu ar y pren yn prynu'. Un dymuniad arall sydd ganddi, a hynny yw fod ei mab yn anfon llythyr ati:

> Ac ynddo bob cysuron,
> I wella'r briwiau dyfnion,
> Sy'n gwneud curfeydd i'm calon,
> Cyn mynd i blith y meirwon,
> Bili bach, os wyt ti'n iach.[28]

Datganiad cymysg o gariad ac edliw yw hwn. Wrth edrych dros ei hysgwydd ar eu bywyd cynnar mae'r fam yn creu gorffennol perffaith – darlun golau o wraig weddw yn goresgyn anawsterau ac yn magu plentyn ar ei phen ei hun, y ddau yn llon a chytûn heb un gair croes. 'Mi'th welais oll yn hawddgar' meddai am Bili bach, a chlywir yma adlais o Ganiad Solomon 5.16, 'ie, y mae efe oll yn hawddgar. Dyma fy anwylyd, dyma fy nghyfaill; O ferched Jerwsalem.' Wrth gofio gorffennol hapus ei mab o dan ei chronglwyd mae hwyliau'r fam

---

28 LlGC, Baledi a Cherddi 5, baled rhif 28, pennill 9, llau 3–7.

yn newid, a hiraeth yn ei llethu; erbyn y llinellau clo mae'n cyhuddo Bili o fod yn achos ei marwolaeth annhymig. Blas edliw sydd ar lawer o'r penillion, fod y mab anniolchgar wedi ei gadael i fyw a marw mewn unigrwydd, a hynny o'i wirfodd ac o'i ddewis ei hun. Daw'n amlwg fod disgwyliadau arno i'w chynnal yn ei gweddwdod. Nid cariad diamod, felly, mo cariad y fam Gymreig hon.

Ai dyma'r norm yn y diwylliant Cymreig? Bu'r Cymry er hir amser yn ymorol am ei gilydd trwy gyfrwng llythyrau. Un enghraifft o hynny yw 'Llythyr Syr Peter Mutton at ei fam'.[29] Ysgrifennodd at ei fam, Mrs Ann Conway, o Lincoln's Inn ar 17 Ionawr 1604[/5] i'w hysbysu ei fod wedi priodi. Brodor o sir Ddinbych oedd Syr Peter (1565–1637), ac roedd yn ffigur o gryn bwysigrwydd ym mywyd cyhoeddus Cymru. Ansawdd gariadus, ofalus sydd i'r llythyr, fel y disgwylid. Yn wir, tua chanol yr ail ganrif ar bymtheg cyhoeddwyd cyfrol yn gosod allan y modd y disgwylid

29 'Llythyr Syr Peter Mutton at ei fam', *Rhyddiaith Gymraeg*, ii (Caerdydd, 1956), tt. 209–10; gw. hefyd yr ymdrinaeth ar y llythyr uchod: David Jenkins, 'Llythyr Syr Peter Mutton (1565–1637)', *Cylchgrawn Llyfrgell Genedlaethol Cymru*, v (1948), 220–1.

i blentyn ymagweddu tuag at ei rieni. Cyfrol ar ddull catecism oedd *Carwr y Cymru,*[30] yn cynnig cymorth i rieni Cristnogol a ddymunai weld eu plant yn coleddu'r un ffydd â hwythau. Yn 1630 cyhoeddwyd fersiwn byr iawn o'r gwaith, a dyma sut y disgrifia Syr John Ballinger y gwaith cryno hwnnw:

> The smaller *Car-wr* is a catechism between father and child, and is concerned with the duties of parents and children and the instruction of children in Christian doctrine.[31]

Gofynnir nifer o gwestiynau ynghylch iawn feithrin plant ar yr aelwyd, ac ynghylch pa fath o ymddygiad a ystyrid yn anrhydeddus yn y plant tuag at eu rhieni. Dyma'r olaf yn y gyfres cwestiwn ac ateb yng nghatecism 1630:

> Gofyn: *Pa fodd y mae i chwi blant, ddangos eich bod yn ddiolchgar i'ch tadau, a'ch mammau am eu cariad, a'u gofal; eu llafur, a'u côst yn eich magu, ac yn eich maethu o'ch crûd, ac o'ch mebyd?*

---

30 Oliver Thomas, *Carwr y Cymru* (Llundain, 1631; adarg. gyda rhagymadrodd gan Syr John Ballinger, Caerdydd, 1930).
31 Ibid. vi.

*Atteb*: Drwy weddio ar i Dduw dalu iddynt drwy vfyddhau, a rhyngu eu bodd ym mhôb peth, yn enwedig yn yr Arglwydd: Ephe. 6. 1. Drwy eu porthi, a'u dilladu os byddant mewn eusieu fel y gwnaeth *Ioseph* iw dâd, ac i dylwyth ei dŷ ef. Gen. 47. 12. A *Ruth* i'w mam ynghyfraith. Ruth 2. 18. eu hymgeleddu mewn gwendid, henaint, a chlefyd, eu claddu yn weddol, ac yn barchedig: Gen. 28. 8. ac Pen. 35. 29.[32]

Efallai mai codi cap i gyfeiriad y math hwn o gyfarwyddyd a wna'r fam yn ei thruth ar ddyletswyddau'r mab rhinweddol ym maled Ieuan o Eifion.

Ni ellir llai na sylwi bod ateb y mab yn dangos mesur o edifeirwch. Roedd neges y fam wedi cyrraedd ei nod. Criodd Bili am ddyddiau ar ôl ei derbyn wrth gofio'n ôl i'r fagwraeth amddiffynnol a gafodd ar fron ei fam. Esbonia iddo fod ar y môr am bedwar mis, a'r awgrym yw na chafodd siawns i ysgrifennu llythyrau yn ystod y fordaith. Daw'n amlwg hefyd nad Bili yw'r

---

32 *Gweithiau Oliver Thomas ac Evan Roberts: dau Biwritan cynnar*, gol. Merfyn Morgan (Caerdydd, 1981), t. 11.

unig blentyn a gafodd ei fagu ar yr aelwyd un rhiant honno, ac mae'n atgoffa ei fam o hynny. Nid yw'r wreigan ddagreuol mor unig ag y myn ddweud. Ond Bili yw'r hynaf o'r tyaid plant, ac mae cariad mam at ei chyntafanedig (a hwnnw'n hogyn) yn creu rhwystrau, neu o leiaf gariad mwy eiddigeddus. Mae Bili'n cydnabod yn hael ei gofal a'i charedigrwydd:

> Yn y gwres a'r oerfel mwyaf,
> Chwychwi a fyddai'r flaenaf un
> Yn gofalu f'ymgeleddu
> Pan yng nghwsg ac ar ddi-hun;
> Ni fu neb mor dirion i mi,
> Yn fy mhorthi'n glaf ac iach,
> Chwi a ganech ar bob gorchwyl,
> 'O! fy annwyl Bili bach.'[33]

Ond mae calon y mab yn meddalhau ac mae'n anfon anrheg at ei fam. A hawdd y gallai wneud hynny, oherwydd dyma lle dywedir iddo fod i ffwrdd dros y môr ers tair blynedd! Nid bwlch o rai misoedd o fordaith sydd dan sylw, ond esgeulustod tair blynedd.

---

33 LlGC, Baledi a Cherddi 5, baled rhif 28, 'Yr atebiad' pennill 5.

Hawdd y gallai'r fam fod wedi bytheirio am benillion dirifedi.

Ni nodir beth yw'r anrheg a anfonir yn ôl i Gymru, ond gellir dyfalu bod Bili bach, o'r diwedd, yn anfon arian ym mhlygion y llythyr at ei fam. Mae hefyd yn rhoi sicrwydd iddi y dychwel ati ymhen rhai misoedd – nid blynyddoedd – ac y bydd yn cartrefu o hynny ymlaen gyda hi yng Nghymru; dichon mai dyna'r unig beth roedd arni eisiau ei glywed. Ond fel pob hogyn o ewyllys gref a meddwl annibynnol, ddaw o ddim cyn ei fod yn barod i ddod, er gwaethaf pwysau o du ei fam.

Dengys y faled hon *psyche* y fam Gymreig, a dull y mab Cymreig o'i thrafod. Mae'n ddiddorol nad yw Bili bach yn bwriadu aros yn Awstralia i sefydlu teulu a magu plant. Siawns mai mynd yno i wneud ei ffortiwn a wnaeth, a'i fod yn bwriadu dychwelyd i Gymru i fyw ar ei arian.[34]

34 Ymfudo er mwyn gwneud arian i gynnal ei deulu oedd bwriad J. Glyn Davies yntau pan aeth yn ysgrifennydd i'r Gold-mining Co. yn Seland Newydd yn 1896; gw. Hettie Glyn Davies, *Hanes Bywyd John Glyn Davies* (Lerpwl, 1965), t. 17.

Enghraifft debyg yw'r faled 'Morgan bach a'i fam yn ymddiddan ynghylch myned i Awstralia',[35] baled hollol ddychmygol o waith Isaac Thomas, Aberdâr.[36] Fel y tystia'r teitl, ceir sgwrs o fewn y faled, yn wahanol

35 LlGC, Baledi a Cherddi 1, baled rhif 80.

36 Llysenwau Isaac Thomas oedd 'Yr Hen Undertaker' a 'Twrch Cynon'. Bu farw 5 Gorffennaf 1893 yn 67 oed, a'i gladdu yn Aberdâr, 8 Gorffennaf 1893. Yr oedd ei dad, Nathaniel Thomas, yn saer coed o Gwm-du yn sir Gaerfyrddin, a dysgodd Isaac grefft saer coed gydag ef. Oddi yno fe symudodd i Langadog a phriodi ei wraig gyntaf. Symudodd eilwaith i Gwm-dâr i fod yn saer coed yn y pwll glo, ond bu farw ei wraig a dau o'i blant tra bu yno. Aeth i weithio i Aber-nant am 14 swllt yr wythnos, ac wedi hynny sefydlodd fusnes trefnydd angladdau yn 24 Seymour Street, Aberdâr, a'i werthu ymlaen i Messrs George & Jones, Hirwaun, ar ei ymddeoliad. Isaac Thomas oedd y cyntaf i ddefnyddio hers yn Aberdâr. Priododd deirgwaith. Ei wraig gyntaf oedd Ann (aelod yng nghapel Bethania (MC)); bu hi farw ar 6 Mawrth 1882 a chafodd angladd preifat gyda nifer o bobl yn bresennol, a nifer o gerbydau. Merch o Aberystwyth oedd ei ail wraig, a'r drydedd oedd gweddw David Richard Lewis, Llwydcoed. Cyfrannodd Isaac Thomas i *Tarian y Gweithiwr*; cyhoeddodd *Darlith ar Eisteddfodau y Capelau* wedi'i hargraffu gan Jack Howell, Aberdâr, yn 1881; ac yr oedd yn faledwr: ef a gyfansoddodd 'Pysgota yn yr haf', 'Y ci Ponto' a gyhoeddwyd gan W. Lloyd, Aberdâr *c.* 1885, ynghyd â'r faled hon i Morgan bach a'i fam. Cyhoeddwyd 'Morgan bach a'i fam yn ymddiddan ynghylch myned i Awstralia' (i'w chanu ar 'Diniweidrwydd') yn Aberdâr gan W. Lloyd a'i Fab, *c.* 1883, gan Adam Evans, Machynlleth, a chan o leiaf naw o weisg eraill yn ystod y ganrif, ac y mae 25 o wahanol fersiynau ohoni heb enw argraffydd wrthynt. Ymhellach gw. LlGC, 'Mynegai Bywgraffyddol W. W. Price', xxvi, t. 239; Dienw, 'Marwolaeth Mr Isaac Thomas, Undertaker, Aberdar', *Tarian y Gweithiwr*, 13 Gorffennaf 1893, t. 3.

i faled ymson Bili yn ateb baled ymson ei fam. Siarad fesul pennill a wna Morgan a'i fam, oni bai am benillion 7 ac 8 lle mae'r fam yn hel atgofion am y cyfnod heulog a dreuliodd y ddau yn ystod plentyndod Morgan, y 'bachgen tlws'. Dadl dawel, deimladwy sydd yma. Yn naturiol mae'r fam yn anfoddog i'w mab ei gadael yng Nghymru yn ei gweddwdod gan iddo addo i'w dad y byddai'n ei hymgeleddu ac yn ymddwyn yn dyner a gofalus tuag ati ar bob achlysur. Gwêl y fam weithred Morgan yn ymfudo i Awstralia fel un dwyllodrus, a chred ei fod yn torri'r addewid anrhydeddus a wnaethai i'w dad pan oedd hwnnw ar ei wely angau.

Pryder sydd uchaf ar ei meddwl. Gallai llawer o droeon chwith ddod i ran Morgan, meddai, cyn iddo weld tir Awstralia. Ond mae hyder yr ifanc yn barod â'i ateb:

> Gwir, fe allai imi ddigwydd
> Llawer o ryw droeon chwith,
> Ac fe allai gyda hynny,
> Na ddônt i'm cyfarfod byth.[37]

37 LlGC, Baledi a Cherddi 1, baled rhif 80, pennill 4, llau 1–4.

Erfynia'r fam arno i roi heibio'r syniadaeth beryglus oedd yn ei gorddi. Arian? Byddai'n well ganddi gael cwmni Morgan bach na chael aur Awstralia yn un swm. Ond nid oes dim yn tycio. Cyn iddo ymadael am y byd mawr mae Morgan bach yn dymuno i'w fam ei hebrwng at fedd ei dad, ac mae ymweld â mynwentydd yn un o nodweddion parod llenyddiaeth Cymru'r bedwaredd ganrif ar bymtheg.[38]

Annwyl fam, rwyf bron ymado
A ffarwelio â fy ngwlad,
Deuwch gyda mi tua'r gladdfa
I gael gweled bedd fy nhad;
Mi orweddaf yn ei ochr
A rhof gusan ar y fan,

38 Cafwyd amrywiol fyfyrdodau mewn gwahanol fynwentydd yng Nghymru, yn ogystal â chyfieithiadau o fyfyrdodau Saesneg; enghraifft nodweddiadol o hynny yw pennill agoriadol 'Cwyn yr Amddifad' o waith Iorwerth Glan Aled i'w ganu ar 'Trymder': 'Dan gangau'r ywen wylo'r wyf / Ar feddrod oer, / Fan hyn yn gwywo gan fy nghlwyf, / Wrth olau'r lloer; / Nid oes im gysur ar fy hynt / Fel profais yn yr amser gynt, / Ond ocheneidio gyda'r gwynt / Raid imi'n awr; / O dan y tyweirch gwlybion hyn / Mae mam a 'nhad gan angau'n dynn / A mi'n amddifad, olwg syn, / Yn llwm ar lawr!', gw. *Ceinion y Gân – detholiad o ganeuon poblogaidd Oes Victoria*, gol. E. G. Millward (Llandysul, 1983), t. 41.

A rhof ffarwel iddo'n dawel
Hyd nes cwyd ei lwch i'r lan.[39]

Yn dilyn yn dynn ar sawdl ymateb y fam i'r awgrym hwn fe glywn:

O! fy annwyl fam serchocaf,
Dacw'r capten ar y bwrdd.[40]

Daeth yn amser ffarwelio. Byddai bron yn amhosibl i Gymro ifanc ffarwelio'n llenyddol â'i fam heb ryw awgrym o weddi. Felly yma:

Cofiwch fi yn eich gweddïau
Hwyr a bore gyda Duw,
Iôr y nef fo'n rhan i chwithau
Yw'm dymuniad tra f'och byw.[41]

A chyda hynny daw'r faled i ben. Ond nid dyna ddiwedd y stori. Lluniodd Isaac Thomas, Aberdâr, ail faled i roi gwybod inni beth a ddaeth o Morgan bach a'i fam. A gyrhaeddodd y llanc Awstralia dir er gwaethaf bygythion ei fam, neu a suddodd y llong yn unigedd

---

39 LlGC, Baledi a Cherddi 1, baled rhif 80, pennill 9.
40 LlGC, Baledi a Cherddi 1, baled rhif 80, pennill 11, llau 1–2.
41 LlGC, Baledi a Cherddi 1, baled rhif 80, pennill 11, llau 5–8.

y môr? A gafodd Morgan ei ddymuniad a chodi yn y byd? Neu ai disgyn i'r dyfnderoedd yn wyneb dirni bywyd yn y gweithfeydd aur fu ei hanes?

Ni ddaw syndod o ddeall na fu i'r daith dramor siomi'r disgwyliadau. Daw ail faled Isaac Thomas, 'Dychweliad Morgan Bach o Awstralia, a'i fam (Gwen o'r Gurnos) yn methu ei adnabod',[42] â'r hanes dramatig inni yn llawn. Agorir y faled drwy roi cefndir Gwen a Morgan, a pheintio darlun o'r fam gartref yng Nghymru yn canu ei hiraeth am ei mab, ac yng ngafael pruddglwyf angerddol Gymreig:

> Ond mae'm gobaith wedi darfod
> Am gael gweld fy machgen llon,
> Na chael clywed gair oddi wrtho
> Tra fo i ar y ddaear hon,
> Ni chaf mwyach weld ei wyneb
> Er mor siriol oedd i mi,
> Mae e'n gorffwys, rwyf yn credu,
> Ym mhriddellau'r ddaear ddu.[43]

42 LlGC, Baledi a Cherddi 1, baled rhif 82; argraffwyd y faled ym Machynlleth gan Adam Evans, ond yn anffodus nid oes dyddiad wrthi; argraffwyd hi hefyd gan dair gwasg arall, a cheir 16 o fersiynau ohoni heb enw argraffydd wrthynt.

43 LlGC, Baledi a Cherddi 1, baled rhif 82, pennill 4.

Yn sydyn mae'r fam yn clywed sŵn troed yn nesáu at y drws. Gallai feddwl wrth sŵn y camau mai cerddediad Morgan a glywai, ond er ei siom rhyw ŵr o dras fonheddig sydd yno yn ei gadwyn aur, a modrwyau ar bob bys. Eiddo'r fam, felly, yw chwe phennill cyntaf y faled.

Ymgom rhwng Gwen a'r gŵr bonheddig yw'r chwe phennill dilynol, ac o dipyn i beth dysgwn fod yr uchelwr wedi dychwelyd i Gymru o Awstralia. Dechreua holi Gwen ynghylch ei mab:

Beth yw enw cynta'r bachgen?
Pa beth oedd ei bennaf nod?
Os oedd hwn yn agos imi
Ei adnabod gallwn fod;
Pwy gelfyddyd oedd yn arfer?
A phwy liw oedd gwallt ei ben?
A oedd rhai yn ei adnabod
Wrth yr enw Morgan Gwen?[44]

44 LlGC, Baledi a Cherddi 1, baled rhif 82, pennill 9.

Wedi deffro chwilfrydedd y fam a chwarae mig â hi am bennill neu ddau, nid yw'r pendefig yn medru ymatal yn rhagor. Morgan yw ef, wrth gwrs!

Dyma eich annwyl, annwyl Forgan,
Ie, mi yw'ch plentyn tlws,
Mi yw Morgan Gwen o'r Gurnos
Nawr sy'n aros wrth y drws.[45]

Mae'r fam yn ei helfen. Yn wir mae cymaint yn ei hwyliau nes bod yn rhaid newid y mesur ac felly yr alaw (er na nodir ar ba alaw y cenir y pennill olaf) er mwyn cynnwys ei hafiaith:

*Y fam (wedi newid ei thôn)*

Rwy'n ffaelu â'th gredu ar unwaith,
Does gennyf un rheswm paham,
Os ti ydyw'm hannwyl fab Morgan,
O fodd dyro gusan i'th fam;
Gogoniant i awdwr y bydoedd,
Efe ydyw'r gŵr sydd â'r llyw,

45 LlGC, Baledi a Cherddi 1, baled rhif 82, pennill 11, llau 5–8.

Gogoniant a diolch drachefen
Am gadw fy machgen yn fyw.[46]

Nid dim ond Isaac Thomas, Aberdâr, a gynhyrfwyd i ganu baled ar destun dychweliad Morgan bach. Canodd Dafydd Jones, Llanybydder,[47] hefyd ar yr un achlysur 'Cân newydd ar ddychweliad Morgan bach yn ei ôl o Australia, a'i fam yn methu ei adnabod nes gweled y graith oedd ar ei goes',[48] i'w chanu ar 'Cwynfan Prydain'. Adroddir yr hanes dros bymtheg pennill, gyda hyd yn oed fwy o ddrama nag y canodd Isaac Thomas.

Fel ym maled Isaac Thomas cenir penillion agoriadol y faled hon o safbwynt y fam. Mae'n drwm ei chalon oherwydd i Morgan ei gadael, ydi'n siŵr, ond at y galar hwnnw mae'n rhaid ychwanegu y tro hwn ei bod mewn enbydrwydd mawr o ran ei hamgylchiadau bob dydd: yn wir mae bron â llwgu. Mae'r ofn eithaf ar ei gwarthaf – gorfod mynd i afael 'y plwyf':

46 LlGC, Baledi a Cherddi 1, baled rhif 82, pennill 12.
47 Arno gw. LlGC, 'Mynegai Bywgraffyddol W. W. Price', xiv, t. 39; *Y Bywgraffiadur Cymreig hyd 1940* (Llundain, 1953), t. 1053; Mary Lilian Parry-Jones, 'Astudiaeth o faledi Dafydd Jones, Llanybydder: eu cefndir a'u cynnwys' (M.Phil Cymru [Llanbedr Pont Steffan], 1990).
48 Gw., er enghraifft, LlGC, Baledi a Cherddi 1, baled rhif 83.

Rhaid fydd mynd i lety'r Undeb,
Anfoddlondeb sydd yn awr,
Os ymadel wnaf o'r Gurnos
Gwn na phery f'einio's fawr.[49]

Cyfeirir at 'lety'r Undeb'. Yr Undeb oedd y plwyfi hynny a unwyd ar gyfer gweithredu Deddf y Tlodion. Ofnai Gwen y byddai'n rhaid iddi, oherwydd tlodi, adael ei chartref yn y Gurnos a dibynnu am ei chynhaliaeth ar elusen gyhoeddus, ac y byddai'n rhaid iddi ddiweddu ei hoes yn lletya yn y wyrcws neu'r tloty – y sefydliad cyhoeddus hwnnw lle câi tlodion a phobl ddigartref y plwyf fwyd a llety yn gyfnewid am waith. Hunllef pennaf pob plwyfolyn oedd marw yn ddiurddas felly.

Erbyn trydydd pennill y faled mae Gwen wedi cael cip ar fonheddwr hynod sy'n dod tuag ati. Yn rhyfedd iawn mae ei gerddediad yn ddigon tebyg i gerddediad ei mab, ond mae'n amlwg nad ef ydyw gan fod gwisgiad y gŵr hwn lawer yn well na gwisgiad Morgan bach, heb sôn am y gadwyn aur sydd o gylch ei wddf a'r modrwyau sydd am ei fysedd. Ac eto …

49 LlGC, Baledi a Cherddi 1, baled rhif 83, pennill 2, llau 5–8.

Wedi i Gwen ganu am bedwar pennill, tro'r ymwelydd yw hi i ddweud ei ddweud, a digon gwamal yw'r dweud hwnnw:

> Bore da i chwi'r hen wreigan,
> Ai wrth eich hunan ydych chwi?
> Beth yw'r achos fod y dagrau
> Ar eich gruddiau nawr yn lli?
> A ddarfu 'ch gladdu rhyw berthynas?
> (Pe bai'n addas gofyn hyn)
> Os felly, trowch eich galar heibio,
> Fe ddaw eto haul ar fryn.[50]

Ar ôl clywed hanes Morgan a chlywed am drallod calon y fam, mae'r bonheddwr yn tosturio wrthi ac yn cyfaddef mai ef yn wir yw Morgan bach. Amau hynny a wna'r fam o hyd oherwydd lliw croen y dieithryn, gwychder ei wisgoedd, a harddwch y tlysau sy'n disgleirio ar ei berson. Nid yw'n mentro credu gair y gŵr cyfoethog heb dystiolaeth ddiamheuol o wirionedd ei haeriad. Myn weld hen graith sydd ar goes ei mab oddi ar ei blentyndod – dyna'r prawf. Ac mae'r aderyn

50 LlGC, Baledi a Cherddi 1, baled rhif 83, pennill 5.

lliwgar yn dod drwy'r prawf yn llwyddiannus! Rhennir pennill y datguddio rhwng y fam a'r mab, gan roi argraff o gyflymder y siarad, gwpled am gwpled:

*Morgan bach*

Fy annwyl fam, myfi yw Morgan,
Byddwch lawen, darfu 'ch loes.

*Y fam*

*Os* ti yw Morgan, tyn dy hosan
Gael gweld y graith sydd ar dy goes.

*Morgan*

Dyma'r hosan wedi'i thynnu,
Hon yw'r graith lle cefais nam.

*Y fam*

Nawr rwy'n gweld mai ti yw Morgan
Rho dy law i'th annwyl fam.[51]

Mae dyddiau tlodi a thrallod y fam ar ben. Wedi'r holl ofidio bod ei mab yn fwyd i bysgod, daeth dydd gorfoledd i'w rhan. Bellach mae wedi hen anghofio am y tloty. Nid yn unig mae ganddi ddigon i'w chynnal dros byth, ond mae rhagor dros ben. Gall fod yn

51 LlGC, Baledi a Cherddi 1, baled rhif 83, pennill 9.

rhannwr elusen yn hytrach nag yn un sy'n ei derbyn:

Mam, fe ddarfu 'ch holl drafferthion,
Dyma ddigon i chwi o aur,
Gwnawn gyfrannu i'r tylodion,
A'r gweision sy'n cyhoeddi'r Gair;
Dylem fod yn ffyddlon beunydd
Gyda chrefydd Arglwydd gras,
Fe a'm cadwodd i a'm trysor
Pan oeddwn ar y cefnfor glas.[52]

Dymuniad y mab rhinweddol yw cyfrannu at reidiau'r tlodion a chynnal gweinidogion y Gair. Byw yn ofn yr Arglwydd yw dymuniad y fam a'r mab fel ei gilydd bellach, gan mai dyna'r llwybr at wir hapusrwydd.

Ond ni ddaeth taith i Awstralia â hapusrwydd i bawb. Yn syml, nid oedd bwriadau pob ymfudwr i Wlad yr Aur mor ddigymhlethdod â'i gilydd. Yn sicr, profiad chwerw-felys fu'r cyfnod yn Awstralia yn hanes un gŵr o swydd Gaerlŷr, sef Frederick Bailey Deeming. Er i rai o faledwyr Cymru ganu ei hanes, nid oes fawr

52 LlGC, Baledi a Cherddi 1, baled rhif 83, pennill 13.

o elfennau Cymreig i'r stori ar wahân i'r enw Williams, oedd yn enw ffug, a'r enw Jones a allai fod yr un modd. Yr hyn a geir yw nid stori Gymreig ond stori ryngwladol – un o'r straeon hynny a ddaeth i fri mawr drwy rannau o'r byd oherwydd y newyddion syfrdanol a brawychus a gyflwynai. Canwyd o leiaf dair baled Gymraeg am anfadwaith Frederick Bailey Deeming, y naill gan Arfonydd,[53] a'r ddwy arall gan feirdd anhysbys. Gan mor ddychrynllyd oedd y digwyddiadau dan sylw roedd yn rhaid wrth deitl llawn i'r faled, a chyfieithiad ohoni i'r Saesneg. Dyma deitl Arfonydd – eisteddwch yn ôl:

CÂN NEWYDD

am y llofruddiaeth ofnadwy yn Rainhill, swydd Lancashire, sef mwrdrad gwraig a phedwar o blant gan ddyn a alwai ei hun A. O. Williams (alias Frederick B. Deeming), yr hwn a ddaeth i Rainhill i fyw yng Ngorffennaf y flwyddyn ddiwethaf. Dywedai wrth y trigolion yno ei fod yn swyddog o

53 Canfyddwyd pedwar 'Arfonydd', sef T. H. Griffiths, (Pen-y-groes); David Hughes (Bangor – San Francisco); G. N. Jones (Patagonia); a dim ond am y pedwerydd mae unrhyw ddyddiadau, sef John Owen (?1840–1905), Betws-y-coed, 'Ioan Glan Elsi', a oedd yn weinidog.

dan y Frenhines, ac yn werth llawer o arian. Gan ei fod yn pasio fel dyn sengl, cynigiodd ei hun i lodes ieuanc o'r enw Miss Mather, a phriododd hi. Wedi priodi aeth y ddau i Awstralia. Mawrth y 12fed, derbyniodd y fam y newydd fod ei merch wedi cael ei darganfod mewn tŷ yn Melbourne, wedi ei llofruddio a'i chladdu, a bod y llofrudd wedi sementio y llawr ar ôl hynny. Creodd y newydd hwn stŵr mawr yn Rainhill, a chan fod rhai digwyddiadau lled amheus ym mywyd y llofrudd cyn iddo fyned i ffordd, darfu i'r heddgeidwaid wneud ymchwiliad yn y tŷ, pan y daethant ar draws pump o gyrff wedi eu claddu mewn a'u gorchuddio gan *cement*.

Enw gwirioneddol y dihiryn ydyw Frederick B. Deeming, ac y mae brodyr iddo yn byw yn Birkenhead. Enw ei wraig a lofruddiwyd yn Rainhill ydoedd Marie Deeming (30 oed), a'r plant, Bertha (9), Marie (7), Sydney Francis (5) a Martha Lillie (2).[54]

54 LlGC, JHD 5, baled rhif 109.

Yn eironig ddigon dewiswyd canu'r faled ar y mesur 'Diniweidrwydd'.

A theitl y faled 'Crogiad Deeming' gan fardd anhysbys? Dyma fo:

### Crogiad Deeming

Y mae hanes Frederick Bailey Deeming yn un o'r rhyfeddaf ar gof. Oddeutu dechrau 1892, bu rhai pobl yn Sydney, Awstralia, yn atgyweirio tŷ, pan ddaethant ar hyd corff menyw (wedi ei llofruddio) yn gladdedig yn *cement*. Dyn o'r enw Williams a ddaliwyd mewn rhan arall o'r wlad am y drosedd. Llwyddwyd i ddilyn ei hanes yn ôl i Rainhill, ger Liverpool, lle y bu yn byw mewn tŷ o'r fath orau. Pan oedd y *police* yn chwilio y tŷ hwn, daethant ar hyd i gorff menyw a phedwar o blant wedi eu claddu yn y gegin mewn *cement*. Cafwyd allan mai cyrff ei wraig gyntaf a'i blant oeddynt. Llwyddwyd i ddilyn hanes ei fywyd yn ôl am lawer o flynyddau, yr hyn a ddengys mai un o'r dynion gwaethaf y ganrif hon ydyw. Cafodd ei brofi yn Melbourne, Awstralia, am lofruddio ei ail wraig

> (sef Miss Mather gynt). Ar ôl prawf manwl, ac er gwaethaf y ceisiwyd profi mai allan o'r synhwyrau ydoedd, cafwyd ef yn euog. Dydd Llun, Mai 23ain, cafodd ei grogi yng Ngharchar Melbourne, am 10 o'r gloch y bore. Cysgodd yn dawel hyd saith o'r gloch, pan ddeffrowyd ef. Wedi cael brecwast, ac ychydig *frandy*, cerddodd yn ddiysgog i'r grocbren, gan weddïo. Rhoddodd y dienyddwr, Jones, gwymp o 7½ troedfedd iddo. Bu farw yn y fan.[55]

Disgwylid cynulleidfa enfawr i ddod ynghyd i wrando ar y faled, a gwelwyd gwerth mewn cyfieithu'r faled a'i theitl i'r Saesneg a'i gwerthu dan y teitl byr 'Deeming Hanged'.

Mae teitl y drydedd faled hithau lawn mor hirwyntog er mai 'Llofruddiaethau Rainhill' yw'r teitl byr, ac mae'n cloi'n ddramatig: 'Yn ystod yr wythnosau diwethaf, y mae llawer o hanes y dyn hwn wedi ei gasglu, yr hyn sydd yn gosod Williams, neu Deeming, yn un o ddynion caletaf-galon y ganrif hon.'[56] O

55 LlGC, Baledi a Cherddi 13, baled rhif 69.
56 LlGC, Baledi a Cherddi 24, baled rhif 125.

ystyried bod Jack the Ripper wedi cipio'r penawdau am gyfres o lofruddiaethau milain yn Llundain yn ystod yr un adeg yn union (1888–91), dengys y dyfarniad hwn ddifrifoldeb y farn gyhoeddus yn erbyn Deeming.

Er bod teitl hir 'Crogiad Deeming' a theitl hir 'Llofruddiaethau Rainhill' yn ddigon tebyg i'w gilydd, nid felly y baledi eu hunain. Crybwyllir Sydney yn hytrach na Melbourne yn y ddau deitl, a sonnir bod y cyrff wedi eu claddu yn y gegin yn hytrach nag yn y llofft, ond nid yw hynny yn gyfystyr â dweud mai'r un awdur a luniodd y ddwy faled. Mae naws a safiad y ddwy yn rhy annhebyg i awgrymu hynny.

Dim ond yn nheitl 'Llofruddiaethau Rainhill' y bernir cymeriad Frederick Bailey Deeming (30 Gorffennaf 1853–23 Mai 1892). Ef, meddir, oedd un o'r dynion mwyaf gwrthnysig a didrugaredd a welwyd erioed ar wyneb daear. Adleisir yn y geiriau farn ddiildio'r cyhoedd. Cymaint yr atgasedd tuag ato fel y cynullodd torf o ddeuddeng mil o bobl ar ddiwrnod ei ddienyddiad, a phan ddaeth y newyddion ei fod yn farw hoel, rhoddwyd bonllef orfoleddus y gellid ei chlywed yn atseinio drwy'r ardal.

Daeth hanes Deeming i olau dydd am y tro cyntaf pan alwyd yr heddlu i ymchwilio i'r aroglau rhyfedd a oedd yn rhif 57 Andrew Street, Windsor, cartref yn un o faestrefi Melbourne. Yn y llofft, o dan garreg yr aelwyd, canfuwyd corff gwraig ifanc tua deg ar hugain oed wedi ei gladdu yno mewn sment. Dangosodd archwiliad post-mortem fod rhywun wedi torri ei gwddf, a'i bod yn farw ers tua tri mis. Buan yr aeth yr heddlu ati i chwilio am y cyn-denantiaid, a rhoddwyd y Ditectif Ringyll William Considine a'r Ditectif Ringyll Henry Cawsey yn gyfrifol am yr ymchwiliad. Cafwyd ar ddeall gan yr asiant oedd yn gyfrifol am osod y cartref mai gŵr o'r enw Druin a ddaliai'r les y pryd hwnnw. Yn ôl tystiolaeth perchennog y siop leol oedd yn gwerthu nwyddau haearn (*ironmongery*), prynodd Druin sment, brwsh bras, trywel, *closet pan,* a rhaw ganddo ychydig wythnosau ynghynt. Dywedodd ei fod yn ŵr pryd golau a chanddo farf gochlyd a chlamp o fwstásh hynod ei olwg. Roedd yn ei dridegau, ac o faint digon cyffredin. Er hynny roedd yn dipyn o swagrwr. Gwisgai'n lliwgar ac yn dlysau drosto, a siaradai'n uchel gydag acen gogledd Lloegr.[57] Cyn hir roedd heddlu Awstralia ar ei warthaf.

Beth oedd hanes y dyn rhyfedd hwn a lysenwyd yn 'criminal of the century' a 'human tiger'?[58] Gŵr o swydd Gaerlŷr oedd Frederick Bailey Deeming yn wreiddiol. Aeth i'r môr yn un ar bymtheg oed ac o hynny allan bu'n byw bywyd dihiryn, yn dwyn ac yn twyllo. Ar 28 Chwefror 1881 priododd Marie James yn Tranmore, swydd Gaer. Aeth i weithio i Sydney, Awstralia, ac ymunodd Marie ag ef yno ar 1 Gorffennaf 1882. Cawsant dair o ferched ac un mab. Treuliodd lawer o'i amser yn Awstralia a De Affrica, ond ym mis Chwefror 1890 glaniodd ar dir Lloegr. Yn dilyn carwriaeth garlamus priododd Miss Helen Matheson – er ei fod eisoes yn briod a chanddo blant. Gadawodd Loegr ar ei ben ei hun, ar y *Coleridge*, ond buan y cafodd ei arestio yn Uruguay a'i anfon i garchar yn Hull am dwyll

---

57 Gw. 'Serial Killers/Killers from history' ar wefan www.crimelibrary.com/serial_killers

58 Am yr wybodaeth a ganlyn gw. Barry O. Jones, 'Deeming, Frederick Bailey (1853–1892)', *Australian Dictionary of Biography*, fersiwn ar-lein a gyhoeddwyd gan Brifysgol Genedlaethol Awstralia, gw. http://www.adb.online.anu.edu.au/biogs/A080288b.htm

(ond ni chafodd ei gyhuddo o ddwywreiciaeth). Fe'i rhyddhawyd o garchar ym mis Gorffennaf 1891 ac aeth i fyw i Dinham Villa, Rainhill yn swydd Gaerhirfryn, a daeth Marie, ei wraig, a'r plant ato yno. Lladdodd ei wraig a'i blant yn Rainhill, claddu'r cyrff o dan y llawr a thywallt sment drostynt. Twyllodd y gymdogaeth gyfan drwy roi si ar led mai ei chwaer a'i phlant oedd wedi bod yn aros gydag ef, a'u bod yn awr wedi dychwelyd adref i Port Said.

Yn ystod y mis Medi dilynol priododd Deeming ferch o'r enw Miss Emily Lydia Mather yn eglwys St Anne's, Rainhill, ac ymfudodd y ddau i Melbourne ar y *Kaiser Wilhelm II*. Daeth y llong i dir ar 15 Rhagfyr a setlodd y ddau yn eu cartref newydd, bwthyn o waith brics ym maestref Windsor. Ond byr fu parhad eu priodas. Lladdodd Deeming ei wraig ifanc ar noswyl neu ddydd Nadolig 1891. Claddodd hi dan garreg yr aelwyd yn un o'r ystafelloedd gwely a thywallt sment drosti. Talodd fis o rent ymlaen llaw a symud ymlaen i Sydney erbyn diwedd Ionawr 1892. Yno yn Bathurst dyweddïodd â merch arall, Kate Rounsefell. Teithiodd i Orllewin Awstralia ar y dealltwriaeth y byddai ei ddyweddi yn ymuno ag ef yno ymhen y rhawg. Ond ar 3 Mawrth 1892 cwynodd tenant newydd ei hen gartref yn Rainhill am yr arogleuon drwg oedd yn treiddio drwy'r tŷ. Codwyd carreg yr aelwyd a darganfuwyd corff Marie a'r pedwar plentyn. Roedd y rhwyd yn cau.

Erbyn hynny roedd Deeming yn gweithio yn Southern Cross. Arestiwyd ef yno a'i ddwyn yn ôl i Melbourne.

> He was subject to enormous, even frenzied, vilification, and all Australia was affected by the mass hysteria of 'Deemania'. His counsel, William Forlonge and Alfred Deakin,[59] sought a month's adjournment to enable evidence of Deeming's psychiatric history to be secured and to allow the hysteria to abate. (Sir) Henry Hodges granted one week … The trial took place on 28–30 April and 2 May … The jury speedily convicted Deeming

59 Yn ddiweddarch, trodd Alfred Deakin i fyd gwleidyddiaeth a dod yn ail Brif Weinidog Awstralia: gwasanaethodd ei wlad am dri thymor, yn 1903–4, 1905–8, a 1909–10, gw. J. A. La Nauze, 'Alfred Deakin' yn *Six Great Australians* (Oxford, 1963); Al Gabay, *The mystic life of Alfred Deakin* (Cambridge, 1992); Judith Brett, *Australian liberals and the moral middle class: from Alfred Deakin to John Howard* (Cambridge, 2003).

> and he was sentenced to death. On 9 May the Executive Council confirmed the death sentence, on 19th the judicial committee of the Privy Council refused leave to appeal, and on 23rd Deeming was hanged.[60]

Lai na thri mis ar ôl darganfod corff ei wraig ym maestref Windsor, crogwyd Frederick Bailey Deeming gan ddienyddiwr o'r enw Jones. A gwynt teg ar ôl y mwrdrwr ysgeler – dyna farn aml un. Rhwng anfadrwydd yr hanes ac enw'r dienyddiwr, does ryfedd fod y stori wedi dal dychymyg Cymry'r oes, a'u bod wedi gweld eu cyfle i wneud ceiniog neu ddwy ar draul Frederick Bailey Deeming.

Ond beth oedd safiad y baledwyr hyn? Mae pwyslais y tair baled yn go wahanol. 'Y Mwrdradau yn Rainhill' yw teitl byr baled Arfonydd. Mewn dwsin o benillion mae'n adrodd stori'r llofruddiaethau ym Mhrydain ac Awstralia ac yn dychryn o glywed am 'weithrediadau'r adyn'. Wedi adrodd y stori gyda chryn hunanfeddiant, mae'n manteisio ar y cyfle i foesoli. Ei brif fyrdwn

60 Loc. cit.

yw na chlywyd hyd yn oed yn Llundain fawr ei hun, y ddinas ddihenydd, am ddim a allai gymharu â gweithrediadau Frederick Bailey Deeming:

> Y mae bryntni'r adyn creulon[61]
> Fu'n arswydo Llundain draw
> Trwy lofruddio merched anllad
> Nes llesmeirio'r byd â braw
> Yn ysgafnu, o'i gydmaru
> Â gweithredoedd creulon ddyn
> All'sai ladd, yn oer a chiaidd,
> Ffrwyth ei lwynau ef ei hun.[62]

Nid yw'r ail faled, 'Crogiad Deeming', yn trafferthu'n ormodol gyda manylion bob dydd y stori. Prif bwynt y faled hon yw llawenhau bod y troseddwr wedi ei ddal a'i grogi, bod cyfiawnder wedi ei anrhydeddu, a'r llofrudd wedi cael ei haeddiant:

> Ca'dd ugain dydd o ysbaid
> I wneud ei hedd â Duw,

---

61 Sef Jack the Ripper, a fu'n llofruddio puteiniaid yn Llundain 1888–91.

62 LlGC, JHD 5, baled rhif 109, pennill 12.

Cyn iddo gael ei hyrddio
Yn syth o fyd y byw;
A bore Llun yn gynnar
Fe ddygwyd ef i'r pren,
Mewn amrant fe a hyrddiwyd
I'r byd tu draw i'r llen.[63]

Ond mae'n amhosibl dod â'r faled i'w therfyn heb dynnu moeswers. Rhybuddir bechgyn ieuainc Cymru i rodio'r llwybr cul ac i osgoi temtasiynau: dim ond mân us yw holl dlysau'r ddaear yn wyneb Dydd Barn. A'r merched yr un modd. Dylent hwythau ofalu nad oes neb yn taflu llwch i'w llygaid:

Gofalwch rhag estroniaid
Llawn swynion, aur a dawn;
Maent am eich hudo beunydd
O dŷ eich tad a'ch mam,
Draw i ryw bell gartrefle
Lle gallont gwneud ryw gam.[64]

Mae'r drydedd faled, 'Llofruddiaethau Rainhill', yn fwy cyffrous. Mynegwyd pethau rhyfeddol yn y

63 LlGC, Baledi a Cherddi 13, baled rhif 69, pennill 5.
64 LlGC, Baledi a Cherddi 13, baled rhif 69, pennill 7, llau 3–8.

faled hon, a lle nad oedd y manylion yn llawn digon cynhyrfus fel ag yr oeddynt, fe newidiwyd y ffeithiau. Mae'n amlwg fod y baledwr yn awyddus i ddod â blas lleol, Cymreig i'r gweithgareddau. Nid oedd Frederick Bailey Deeming yn Gymro o waed coch cyfan, ond tybed nad oedd ganddo gysylltiadau Cymreig, neu a oedd rhywfaint o ymwneud rhyngddo a Chymry Cymraeg? Dros y ffin yn Lerpwl efallai? Er mawr syndod, yr oedd:

> Birkenhead bu'n adref iddo
> Pan yn fachgen ieuanc llon.[65]

A beth am ei wraig? A oedd llinach Gymreig iddi hithau tybed? Oedd, meddai'r baledwr:

> Unodd yn y stad briodasol
> Â Chymreiges hardd ei gwedd –
> 'R hon sydd heddiw gyda'i theulu
> 'N gorffwys yn ei gwaedlyd fedd.[66]

Mae'r cyfieithiad Saesneg yn honni gwybod mwy o'i hanes, ac yn medru bod yn fwy penodol ynghylch

65 LlGC, Baledi a Cherddi 24, baled rhif 125, pennill 2, llau 1–2.
66 LlGC, Baledi a Cherddi 24, baled rhif 125, pennill 3, llau 1–4.

mangre geni'r ferch ifanc. Dyma'r cyfieithiad, neu yn hytrach yr addasiad, o'r ddau gwpled uchod a gyhoeddwyd yn union ar droed y faled Gymraeg:

A Welshwoman did he marry,
Who from Pembrokshire did come,
She is with her children lying
In the grave all cold and dumb.[67]

Ac felly mae'r fersiwn hwn ar y stori yn daearu'r hanes yn nes at galon y Cymry. Gwir nad yw Penbedw yng Nghymru, ond tyrrodd nifer helaeth o deuluoedd yno o bob rhan o ogledd Cymru i ennill eu bara menyn, ac roedd yn dref gyfarwydd iawn i'r rhan fwyaf o boblogaeth siroedd y gogledd.

Baled gyffrogarol yw hon drwyddi draw. Mae'r pennill cyntaf yn cynnig y berw magnetig hwnnw a fyddai'n denu'r dorf:

Mae'r holl fyd yn gyffro heddiw
Gan anfadwaith erchyll wnawd

67 Dilynir y testun Cymraeg gan gyfieithiad Saesneg o'r faled, a hynny ar yr un daflen ac i'w gwerthu law yn llaw â'r faled Gymraeg; ni ddatgelir enw'r cyfieithydd.

Gan ryw adyn calon-galed
Ar ei wraig a'i deulu tlawd;
Ac wrth chwilio hynt ei fywyd
Nid oes dim ond actau du
Oddi ar ei law yn dyfod
Ac mae'r rhain yn dyrfa lu.[68]

Erbyn diwedd y pennill cyntaf byddai'r baledwr yn dal y dyrfa ar gledr ei law. A'r dorf yn ffroeni gwaed, gellir dychmygu ei hawch i glywed yr ail bennill, i ganfod beth oedd union natur yr 'anfadwaith erchyll' a chael blasu gwefr y gwybod.

Er mai prydyddiaeth gymharol amrwd sydd yma, byddai'n ateb y diben i'r dim. Drwy leoli'r prif gymeriadau ym Mhenfro a Phenbedw mae profiad y gynulleidfa yn dod yn un personol. Nid pobl o bell a wnaeth yr anfadwaith hwn. Gwyddom oll am Benbedw ac am sir Benfro, ac o enwi dau le ym mhegynnau eithaf Cymru, fel petai, gellid bod yn sicr o gydymdeimlad a chefnogaeth wrth ganu'r faled mewn unrhyw ran o'r wlad. Enwir Rainhill, enwir

68 LlGC, Baledi a Cherddi 24, baled rhif 125, pennill 1.

Bertha, merch hynaf Deeming a laddwyd yn naw oed, ac enwir Emily Mather, ei ail wraig – hynny'n ddigon o dystiolaeth mai pobl o gig a gwaed oedd dan sylw yn hytrach na dychmygion. Wrth dalu sylw i'r manylion mae'n bwydo meddwl y mwyaf chwilfrydig ac yn profi dilysrwydd newyddion y faled, ac mae yma ddigon o waed i fodloni'r brithaf o feibion dynion:

Torrodd wddf ei wraig ffyddlonaf,
Bertha, 'r eneth harddaf fu,
Ga'dd ei thagu gyda chordyn,
Torrwyd gwddf yr eraill dri;
Cuddio'r cyrff fu'r orchwyl nesaf:
Yn y gegin torrodd fedd;
Â *cement* gorchuddiai'r cwbl –
Gwnaeth ei waith mewn perffaith hedd.[69]

Daw'r llinell olaf â mesur o ddirnadaeth o natur galon-galed Deeming wrth iddo fynd ynglŷn â'i waith dieflig, ac mae'n wrthgyferbyniad da i weddill llinellau'r pennill. Dyma, yn wir, faled i foddio cynulleidfa pob ffair, marchnad, a sgwâr pentref. Nid dim ond y Cymry

69 LlGC, Baledi a Cherddi 24, baled rhif 125, pennill 5.

Cymraeg sy'n cael gwerthfawrogi berw'r dweud – mae'r fersiwn Saesneg yr un mor ysgytwol. Byddai'n fuddiol cymharu pennill olaf y ddau fersiwn:

Maent yn holi cwrs ei fywyd –
Y rhyfeddaf fu erioed –
Lladd, ysbeilio, drwgweithredoedd
A'i dilynai drwy ei oed.
Duw y Nefoedd sydd yn trefnu
Nad â un o'i fath yn rhydd,
Y mae Dial yn ei drechu
Ac ofnadwy fydd ei ddydd.

Now they seek to trace his story –
'Tis the strangest ever told –
Murder, theft, and evil actions
Without end they now unfold.
Now these deeds may be successful
For a time, but Vengeance dread
Comes at length all crimes to punish,
When no man can hide his head.[70]

Efallai fod safon y cyfieithiad, os rhywbeth, ychydig yn uwch na safon y faled wreiddiol. Byddai'n ddiddorol

70 LlGC, Baledi a Cherddi 24, baled rhif 125, pennill 8.

cael gwybod pwy oedd y baledwr, yn sicr, ond byddai'n ddiddorol gwybod hefyd pwy a gyfieithodd y faled i'r Saesneg, a pham. Tybed ai'r baledwr ei hun, ynteu un o weithwyr yr argraffdy?

❋

Nid oedd pob un a benderfynodd ymfudo i Wlad yr Aur yn cyrraedd pen ei daith. Cofnodwyd yn ein llyfrau hanes lawer stori drist am longddrylliadau rhwng yma ac Awstralia. Efallai mai llofruddiaethau fyddai uchaf ar restr y baledwyr o ran cynnwys eu caneuon am ddigwyddiadau penodol, ond yn ail agos fe ddeuai straeon am golli llong ar y môr. Deallai'r baledwyr chwaeth eu cynulleidfa i'r dim, a phorthent y dorf â'r hyn oedd yn dda gan eu calon ei glywed. Nid yw'n fawr o syndod felly fod straeon am farwolaeth, sut bynnag y'u ceid, yn cael croeso brwd.

Enghraifft frawychus o'r môr yn codi'n donnau – 'I'w gweled fel mynyddau'n wir'[71] – oedd y tro hwnnw

71 Llinell o faled John Owen, 'Cân er coffadwriaeth am ddrylliad y llong fawr honno TAYLEUR . . .', gw. LlGC, Baledi a Cherddi 19, baled rhif 73.

*Y llong haearn* Tayleur *a gollwyd ar ei mordaith gyntaf.*
*'The perfect model of what an Emigrant ship ought to be' – Illustrated London News*
*Llun trwy garedigrwydd Liverpool Central Library*

pan fu i'r *Tayleur* godi angor ac ymadael â phorthladd Lerpwl am Awstralia ddechrau Ionawr 1854 a tharo creigiau ynys Lambay yng nghilfach Dulyn yn fuan wedyn gan golli 345 o fywydau.[72] Dyma ddyddiau cynnar, cyffrous y rhuthr am aur yn Awstralia, a Lerpwl oedd man cychwyn aml un am wlad yr addewid. Dim ond am gwta dridiau y bu'r *Tayleur* yn hwylio, sef o ddydd Iau, 19 Ionawr, hyd hanner dydd ddydd Sadwrn, 21 Ionawr. Roedd natur yr hanes ynddo'i hun felly yn ddigon i beri ias, a dyma stori wrth fodd calon y sawl oedd â'i ben wedi'i biclo yn y diddordeb mawr mewn marwolaeth a nodweddai bobl Oes Fictoria.

Yr oedd nifer o Gymry ymhlith y rhai a gollodd eu bywyd pan suddodd y *Tayleur*. Dyma felly bwnc

72 Fel y dengys teitl cyfrol H. F. Starkey, cymharwyd y drychineb i hanes trasig y *Titanic*, sef llong deithio fwyaf ei dydd (1912) a suddodd ar ei mordaith gyntaf oherwydd iddi daro yn erbyn mynydd iâ: H. F. Starkey, *Iron clipper 'Tayleur' – the White Star Line's 'First Titanic'* (Bebbington, 1999). Trafodir hanes y *Tayleur* ymhellach yn Emily Madden, 'The Wrecking of the *Tayleur*', thesis yn y Saor Ollscoil Na hEireann, 1991; Edward J. Bourke, *Bound for Australia: The loss of the emigrant ship TAYLEUR at Lambay on the coast of Ireland* (Dublin, 2003). Cofnodwyd baled Saesneg ar yr un pwnc ar wefan yr Australian Folklore Unit, gw. http://warrenfahey.com/wf_intro.htm; fe'i codwyd oddi ar daflen faledi a gyhoeddwyd gan Nugent's, Dulyn; ceir hefyd gerddi a baledi Saesneg ar y pwnc yn Edward J. Bourke, op. cit. 183–90.

da i John Owen ganu arno, ac argraffwyd ei faled gan Thomas Howells, Merthyr Tudful. Byddai'r faled o ddiddordeb ysol i gynulleidfaoedd ardal Merthyr gan fod rhai o'r fro honno yn gysylltiedig â'r digwyddiad.

> Ymhlith y rhai a gollasant eu bywydau yr oedd John James, o'r Carriers' Arms, a Edward Lewis, ei fab yng ngyfraith gynt o Ferthyr; ymhlith y rhai a achubwyd deallwn fod Thomas Kirkhouse, David Watkins, William Thomas, George Lewis a Richard Gibbon.[73]

Gwaith hawdd fyddai canu am bobl leol yng ngŵydd gwrandawyr lleol, a gwaith hawdd fyddai denu ceiniog o'u poced i dalu am y cyhoeddiad ac i gydnabod y cydymdeimlad a fyddai yn eu mysg tuag at eu cyd-fforddolion a'r heldrin diweddaraf a ddaethai i'w rhan. Ond a yw'r haeriadau hyn a welir yn nheitl y faled yn gywir? Nid yw'r rhestrau a gofnodwyd gan Edward J. Bourke yn cyfateb yn union i restrau John Owen y baledwr, ac efallai nad yw hynny'n syndod. Creu

73 LlGC, Baledi a Cherddi 19, baled rhif 73.

diddordeb a chynnal gwerthiant oedd nod y baledwr, yn ogystal â cheisio cyflwyno gwybodaeth.

Cân drom, ddigalon a ganodd John Owen. Bu 'Angau glas a'i gleddau' ar waith ac mae hanes ei gampau yn codi cymaint o arswyd 'nes y todda'r galon ddur'. Mynd i chwilio am well byd yr oedd yr ymfudwyr, ond ar y diwrnod tywyll, niwlog hwn dinistr a ddaeth i'w rhan. O un i un darlunnir pob elfen o'r llun tywyll – ing y dynion wrth farw, galar y plant amddifaid, hiraeth y gweddwon a adawyd, a gofid y rhai oedd ar y lan yn clywed sgrechiadau'r dioddefwyr:

> Roedd plant a gwragedd mewn cyfyngder
> Ar fwrdd y llestr yn y lle,
> Heb un drws gobaith yn agored,
> Nac un nodded is y ne;
> Gwragedd waeddent yn arswydus,
> A thorcalonnus oedd eu llef,
> 'Fy maban bach sydd bron â boddi,
> Dewch, os gallwch, safiwch ef.'[74]

---

74 LlGC, Baledi a Cherddi 19, baled rhif 73, pennill 12.

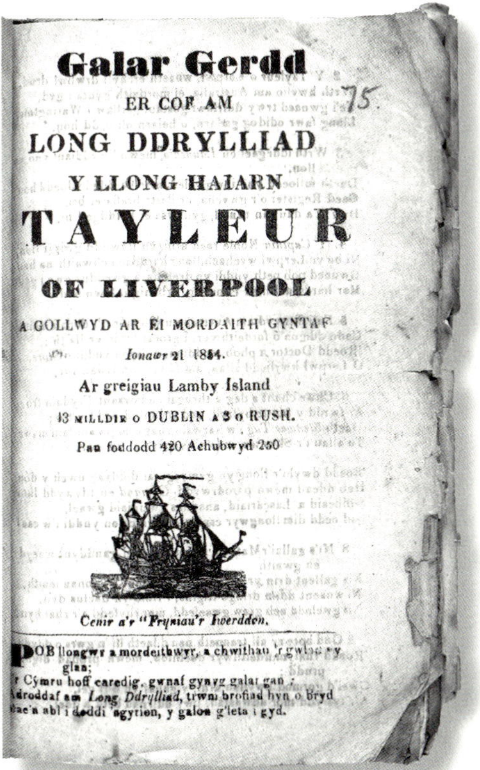

# Galar Gerdd

ER COF AM

LONG DDRYLLIAD

Y LLONG HAIARN

TAYLEUR

OF LIVERPOOL

A GOLLWYD AR EI MORDAITH GYNTAF

*Ionawr* 21 1854.

Ar greigiau Lamby Island

13 MILLDIR o DUBLIN A 3 o RUSH.

Pan foddodd 420 Achubwyd 250

*Cenir a'r "Fryniau'r Iwerddon.*

POB llongwr a mordeithwyr, a chwithau 'r gwlad sy glan;
'r Cymru hoff caredig, gwnaf gynyg galar gan ;
Adroddaf am *Long Ddrylliad*, trwm brofiad hyn o bryd
Sae'n abl i doddi 'ngyrion, y galon g'leta i gyd.

*Wyneb-ddalen baled Owen Griffith 'Ywain Meirion', trwy ganiatâd Llyfrgell Genedlaethol Cymru*

Byddai'r llinellau hyn yn sicr o daro deuddeg. Ond roedd ochr arall i'r stori. Achubwyd dau gant a hanner o bobl rhag cynddaredd y don. Eu lle hwy yw gweddïo ddydd a nos, meddir, am gael gweld haeddiant Crist a fu ar groes drostynt, a'i allu i'w gwneud yn ddinasyddion nefol fel y cânt 'nofio yng ngwlad gogoniant' pan ddaw eu hamser. Yn wyneb hyn o drychineb manteisir ar y cyfle i herio pob un ynghylch y cwestiwn oesol: a ydym yn barod i wynebu Crist? Os yw'r unigolyn wedi cael gras i gredu ynddo:

> Os cawn hynny, ni raid ofni
> Y modd na'r pryd daw'n hoes i ben,
> Canwn iddo beraidd foliant
> Yng ngwlad y mwyniant byth. Amen.[75]

Canodd Owen Griffith 'Ywain Meirion' (1803–68)[76] ar yr un testun: 'Galar Gerdd er cof am longddrylliad y llong haearn *Tayleur of Liverpool* a gollwyd ar ei mordaith gyntaf Ionawr 21 1854 ar greigiau Lamby

---

75 LlGC, Baledi a Cherddi 19, baled rhif 73, pennill 14, llau 5–8.
76 Golygwyd detholiad o'i faledi gan Tegwyn Jones, *Baledi Ywain Meirion* (Y Bala, 1980), ond ni chynhwyswyd y faled hon yn y gyfrol.

Island 13 milltir o Dublin a 3 o Rush pan foddodd 420 achubwyd 250'.[77] Roedd Ywain Meirion, o ardal y Bala, yn faledwr adnabyddus mewn ffeiriau ledled Cymru a hynny'n rhannol oherwydd yr olwg smala oedd arno:

> Gŵr tal, teneu, gwyneb-lwyd, oedd efe … Gwisgai goat laes o felfet melyn gyda labedi hirion, a phocedi fel dwy sach yn eu hochrau; gwasgod hefyd o felfet melyn, a chadach India am ei wddf, a chlos pen glin o gord rhesog, gyda chetars o'r un defnydd, ac yn botymu yn daclus am dopiau par o esgidiau cryfion. Yr oedd ei het yn dolciog, ac yn debyg i hen het silc wedi bod mewn brwydrau lawer, a llinyn neu ddau o amgylch ei choryn, a rhes o gerddi o dan y ddau linyn, wedi eu sicrhau yn ofalus rhag i'r gwynt eu dwyn. Ac yn ei law byddai ffon hir gyda bagl fawr ar ei phen, a phan yn canu yn y ffair, gosodai y ffon o'i flaen yn gyffelyb i'r Datgeiniaid Penpasdwn gynt, a phwysai ei ddwy law ar fagl ei ffon; yn y llaw chwith, byddai

77 Ceir y testun yn LlGC, JHD 7, baled rhif 75, wedi'i argraffu yng Nghaernarfon gan L. E. Jones.

> ganddo swp o gerddi, ac yn ei law dde byddai ganddo un gerdd, a phan yn canu, byddai yn estyn y gerdd hono oddi ar y ffon, tua chyfeiriad y gwrandawyr, fel i ofyn iddynt ei phrynu.[78]

Ac felly yn union, gellid dyfalu, y cyflwynodd ei faled ar suddo'r *Tayleur*. Ni chafodd afael sicr ar yr holl fanylion cyn mentro canu, mae'n wir. Noda John Owen mai 345 o fywydau a gollwyd, ond mae Ywain Meirion o'r farn mai 420 a foddwyd. Dichon nad yr union nifer o gyrff meirw a ogleisiai ddychymyg y dyrfa, ond anferthedd cwmpas y drychineb. Serch hynny mae'n rhaid canmol dygnwch y baledwr yn casglu straeon (gwir at ei gilydd) am y llong, ac am yr unigolion a fu'n ceisio'u hachub eu hunain a'u teuluoedd rhag y gwaethaf.

Bu Ywain Meirion wrthi'n ddiwyd yn cofnodi ar gân ymddangosiad y *Tayleur*:

> Fe'i gwnaed drwy ddirfawr gostau gerllaw i Warrington,
> Llong fawr, odidog, gadarn o haearn oll oedd hon.[79]

78 Robert Griffith yn *Deuddeg o Feirdd y Berwyn* (Liverpool, 1910), t. 110, wedi'i ddyfynnu yn Tegwyn Jones, op. cit. xv–xvi.

79 LlGC, JHD 7, baled rhif 75, pennill 2, llau 3–4.

Ac yn wir dyna fu un o brif achosion ei dinistr. Roedd ymysg y llongau cyntaf i gael eu cynllunio ac elfen gref o haearn a dur yn eu hadeiladwaith. Gwaetha'r modd, ni chywirwyd y cwmpawdau a'u cymhwyso ar gyfer y dylanwad magnetig hwnnw. Adeiladwyd y *Tayleur* yn 1853 ar gyfer Charles Moore a'i Gwmni gyda golwg ar y fasnach yn Awstralia. Fe'i henwyd ar ôl Charles Tayleur, dyn busnes lleol a gŵr hynod gyfoethog; roedd ei dad yn berchen ar oddeutu deng mil o aceri o dir, gan gynnwys Castell Upton yn sir Benfro. Y *Tayleur* oedd y llong fasnach fwyaf i gael ei hadeiladu yn Lloegr, a hynny ar gost o £34,000 – byddai'n agos at ddwy filiwn o bunnau erbyn heddiw. Does ryfedd fod Ywain Meirion yn canmol ei diwyg. Roedd arni bopeth y gallai neb fod ei angen yn Awstralia bell, o gadeiriau cerfiedig i gerrig beddi.

Nodir mai Capten John Noble oedd yn ben arni, gŵr profiadol, ond nid oes gan y bardd air da am y criw oedd o dan ei awdurdod:

> Roedd dwylo'r llong yn gymysg, rai diddysg uwch y don
> Heb ddeall mewn parodrwydd gomand eu llywydd llon;

Chineaid a Lascariaid, anaddas gweiniaid gwael,
Nid oedd dim llongwyr cryfion, llawn calon
ynddi i'w cael.

Nis gallai'r Mate na'r Captain gael ganddynt
wneud eu gwaith,
Nis gallent drin yr hwyliau mewn môr a'i donnau maith,
Ni wnaent ddim dringo rigins i riffio yn daclus dynn,
Nis gwelodd neb griw gwaeledd mor rhyfedd
â'r rhai hyn.[80]

Mae'r adroddiadau cyfredol i gyd o'r farn fod nifer fawr o'r dwylo yn ddibrofiad ac yn ddi-Saesneg; nid oeddynt yn deall gorchmynion na chyfarwyddiadau'r Capten, a hyd yn oed pe'u deallent nid oedd ganddynt y sgiliau angenrheidiol i'w dilyn. O'r 71 aelod o griw'r llong, dim ond 37 oedd wedi'u hyfforddi yn llongwyr go iawn, ac roedd deg aelod o'r criw yn methu siarad gair o Saesneg. Yn ôl adroddiadau papur newydd y dydd, gweithio'u ffordd yn rhad ac am ddim i Awstralia oedd bwriad y rhain. Serch hynny, fe achubwyd y criw llawn ar wahân i chwe aelod.

80 LlGC, JHD 7, baled rhif 75, penillion 7 ac 8.

Yn dilyn lawnsiad llawn sbloet yng ngŵydd y miloedd, tynnwyd y *Tayleur* i lawr afon Mersi ac allan i'r môr. Pan droes y tyg *Victory* yn ôl am Lerpwl, drigain milltir allan i'r môr mawr a chwe milltir o Ynysoedd y Moelrhoniaid (Skerries) ar arfordir Môn, codwyd hwyliau'r *Tayleur* a mentrodd yn ei nerth ei hun. Erbyn hanner dydd roedd y gwynt wedi codi'n gryf ac yn chwipio'r tonnau, a llong fasnach fwyaf Lloegr ar y creigiau. Er bwrw dau angor i geisio arbed y llong, ofer fu'r cyfan:

> Pob ymdrech yno wnaethpwyd ddifethwyd yn y fan
> A'r llong mewn modd dychrynllyd a luchiwyd at y lan.[81]

Yn ôl papurau newydd y dydd lluniwyd rafft a dringodd niferoedd mawr arni yn y gobaith y caent eu hachub o'r drin, ond fe'i tynnwyd ar y creigiau gan nerth y môr a boddwyd pawb. Tystia Ywain Meirion fod rhywrai wedi nofio i'r lan ac wedi taflu rhaffau tua'r llong, ond yn ôl y papurau newydd un o deithwyr y llong oedd wedi cario'r rhaff i'r lan gydag ef o'r cwch. Cydiodd cant o bobl yn y rhaff honno a dal eu gafael yn dynn, ond

81 LlGC, JHD 7, baled rhif 75, pennill 12, llau 3–4.

aeth y llong ar ei hochr, slaciodd y rhaff, ac aeth pawb i lawr gyda hynny. Fe geisiodd y meddyg, oedd yn teithio gyda'i wraig a'i blentyn ifanc, nofio i'r lan gyda'r plentyn ar ei gefn a'i wraig ar un fraich, ond ofer fu ei ymdrech ddewr yntau. Drysodd Ywain Meirion rhwng y meddyg a'r ymfudwr o Almaenwr a achubodd ei blentyn drwy ei gario rhwng ei ddannedd o'r llong ysig i'r lan:

> Y Doctor yn ei ddychryn a garia ei blentyn gwan,
> Rho ei ddillad rhwng ei ddannedd gan geisio ymlywio i'r lan.[82]

Yn gywir fel y canodd y bardd, o'r dau gant o ferched oedd ar y llong dim ond dyrnaid a achubwyd – o bosibl oherwydd anawsterau gyda'r math o ddillad a wisgid yn y cyfnod hwnnw. Arhosodd Capten Noble ar y llong tan y funud olaf, cyn neidio i'r môr a chael help llaw un o'r teithwyr i gyrraedd glan. Oedd, roedd gan bawb ei stori am bob drwgargoel a phob sylw proffwydol a wnaed cyn i'r *Tayleur* godi angor, a hynny'n rhoi rhwydd hynt i'r baledwr ddod â'i stori i fwcwl gyda rhybudd dwys a gair o gyngor:

82 LlGC, JHD 7, baled rhif 75, pennill 14, llau 1–2.

Gan na ŵyr neb pa funud daw'r bywyd yma i ben
'Mofynnwn Grist mewn amser, ceir mwynder byth.
Amen.[83]

Pwy a gafodd y bai am y drychineb? Er bod papurau newydd y dydd yn rhoi'r bai yn blwmp ac yn blaen ar ysgwyddau'r criw ac yn eu cyhuddo o esgeulustod, beiodd y cwêst swyddogol berchenogion y *Tayleur* am ganiatáu iddi hwylio a'r cwmpawdau heb fod yn gweithio'n gywir. Pwy bynnag oedd i'w feio, fe elwodd y baledwyr ar y diofalwch hwnnw.

Eto nid oedd yn rheidrwydd cael ongl Gymreig i unrhyw stori longddrylliad; dim ond ei bod yn stori iasoer, roedd hynny'n ddigon. Canodd bardd anhysbys 'Hanes y llong a elwid *Llundain*, a aeth yn ddrylliau pan ar ei thaith i Awstralia, y 12fed o Ionawr, 1866, ac y claddwyd 270 yn y môr',[84] stori ryngwladol arall a gipiodd ddychymyg y baledwr Cymraeg. Rhagymadroddir drwy nodi'r ffaith fod angau yn

83 LlGC, JHD 7, baled rhif 75, pennill 25, llau 3–4.
84 LlGC, Baledi a Cherddi 5, baled rhif 102; canwyd baledi Saesneg ar yr un testun, er enghraifft 'The Wreck of the Steamer "*London*" while on her way to Australia' gan William Topaz McGonagall yn freepages.genealogy.rootsweb.com/~nzbound/london

weithredol ym mhob dull a modd, ac yn cymryd ymaith 'deulu Adda' mewn amryfal ffyrdd – rhai drwy ddamweiniau ar y rheilffyrdd,[85] eraill o ganlyniad i danchwa mewn pwll glo,[86] eraill eto fyth ar y cefnfor garw. Nodir enghraifft benodol o ddifrod angau ar gymdeithas, sef y drychineb a fu ym Mhwll y Gethin yn ardal Merthyr Tudful:

> Llosgi tadau a meibion hawddgar
> Dan y ddaear, yn y cudd,

---

85 Ar gefndir y rheilffyrdd yng Nghymru gw. Hywel Gethin Rhys, '"Yr Haiarnfarch": Y Rheilffyrdd a'r Cymry yn ystod y Bedwaredd Ganrif ar Bymtheg', *Cof Cenedl*, xx, 101–31. Cofnodwyd sawl baled sy'n trafod damweiniau ar y rheilffyrdd, e.e. baled Evan Griffith 'Ieuan o Eifion' o dan y teitl 'Galarus Goffadwriaeth am y ddamwain ddychrynllyd a gymerodd le ar y 6ed o fis Medi, sef dydd Cymanfa mawr Drimisol y Trefnyddion Calfinaidd yng Nghaernarfon, lle y collodd pump eu bywydau wrth fyned gyda'r Train; ac yr anafwyd pedwar. Eu henwau sydd fel y canlyn: Humphrey Griffiths, Caernarfon; Mr Williams, Ffestiniog; Mary Jones, Tŷ Gwyn, Penrhyndeudraeth; Catherine Parry, Penrhyn Arms, o'r un lle; a Janet Phillips o'r unlle. Enwau y clwyfedigion – Griffith Griffiths, Stoker; Elizabeth Evans, Penrhyndeudraeth; Richard Edwards, Mrs Hughes, Pwllheli, ac amryw eraill. Er pan ysgrifennwyd y gerdd hon, drwg gennym hysbysu fod un o'r clwyfedigion, sef Eliz. Evans, wedi marw.' Ymhellach gw. Llyfrau Prin, *Cerddi Bangor* 31 (cerdd 92) yn Llyfrgell Genedlaethol Cymru.

86 Ar y canu baledol i ddamweiniau yn y diwydiant glo gw. Tegwyn Jones, 'Y baledi a damweiniau glofaol', *Canu Gwerin* 21 (1998), 3–21.

A cheir gweddwon ac amddifaid
Ar eu hôl a'u bronnau'n brudd.[87]

Dyma ddull y baledwr o wneud ei stori am suddo'r *London* yn berthnasol i'w gynulleidfa yn ardal Merthyr. Bu dwy ddamwain druenus ym Mhwll y Gethin, y naill ar 19 Chwefror 1862 pan gollwyd 49 o fywydau, a'r llall bron i bedair blynedd yn ddiweddarach ar 20 Rhagfyr 1865. Newydd ddigwydd yr oedd yr ail ddamwain ac roedd yn dal ar uchaf meddwl yr ardalwyr wrth i'r bardd anhysbys ganu ei faled i'r *London* yn Ionawr 1866. Er gwaethaf gerwinder trychineb Pwll y Gethin, neges y baledwr yw nad oedd cymhariaeth rhwng hynny a thrallod suddo'r *London*. Roedd tynged yr agerlong honno yn ddigon i 'arswydo calon cawr'. Ar 6 Ionawr 1866 cychwynnodd y *London* o borthladd Plymouth am Awstralia, ond pan ddaeth i Fae Biscay fe'i daliwyd yn nannedd storm:

87 Canodd Evan Griffith 'Ieuan o Eifion' faledi ar drychineb Pwll y Gethin 1862, gw. LlGC, Baledi a Cherddi 5, baled rhif 83, a chanodd Deio Bach faled ar drychineb 1865, gw. LlGC, Baledi a Cherddi 3, baled rhif 137; felly hefyd 'Gwladgarwr', gw. LlGC, JHD14, baled rhif 153, ac Abel Jones 'Bardd Crwst', gw. 'Cân gwynfanus am y ddamwain a gymerodd le ym Mhwll y Gethin ar yr 20fed o Ragfyr 1865, pryd y collwyd 34 o fywydau dynol', baled yng nghasgliad Prifysgol Abertawe.

Weithiau'r llong yn y cymylau,
Brydiau eraill dan y don,
Ond o'r diwedd grym y corwynt
Ddrylliai'r llong ryfeddol hon.[88]

Ddeuddeng mlynedd ar ôl llongddrylliad y *Tayleur*, a oedd hefyd wedi cychwyn ar ei thaith i Awstralia ym mis Ionawr, dyma long arall yn hwylio i'w thranc, a chyfle arall i ganu am ddewrder ambell un oedd ar ei bwrdd, a chodi cap i ambell ferthyr. Ond y prif olygfeydd a ddisgrifir er mwyn effaith, ac er mwyn tynnu ar linynnau'r galon, yw'r rhai hynny sy'n sôn am y merched a'u plant:

O! 'r olygfa dorcalonnus,
Mamau yn cofleidio'u plant,
Gwŷr yn 'maflyd yn eu gwragedd,
Methu'u gadael hwynt i bant;
Wylai'r plant pan wylai'r mamau,
Ond nis gwyddent sail eu cri,
Ble mae'r galon nad â'n ddrylliau
Pan feddyliont am a fu?[89]

88 LlGC, Baledi a Cherddi 5, baled rhif 102, pennill 4, llau 5–8.
89 LlGC, Baledi a Cherddi 5, baled rhif 102, pennill 6.

Cyflwynir cameos bach o sawl person penodol, a hynny wrth ei enw. Ymagweddai'r rhain mewn amryfal ffyrdd, pob un yn ôl ei bersonoliaeth ei hun. Nodir bod Mr Palmer o sir Gâr a Mr Davies o'r un ardal wedi boddi'n ddisyfyd. Er i'r capten weithio'n galed i achub bywydau drwy gyfrwng cwch bychan oedd ar fwrdd y llong,[90] nid oedd yn bosibl achub pawb. Gallai'r cwch gario ugain person, a chynigiwyd lle arno yn ôl cyfleustra'r funud:

Gwaeddai un fon'ddiges hawddgar
Pan gychwynnai'r bad i ffwrdd,
'Mil o bunnau rof yn dawel
Am gael dyfod ar y bwrdd.'[91]

Ond oherwydd ymchwydd y tonnau ni ellid cael ati a gorfu iddi fynd i lawr gyda'r llif. Ar y pegwn arall gwrthododd un gŵr bonheddig y cynnig o fynd ar y cwch a allai achub ei fywyd, a hynny er mwyn aros gyda'i wraig:

---

90 Ar ddechrau'r bedwaredd ganrif ar bymtheg nid oedd y fath beth â bad achub; yr unig gwch a fyddai ar fwrdd llong o unrhyw faintioli fyddai un a ddefnyddid i weithio'r llong (er enghraifft cwch hir (*longboat)*, pinnas (*jollyboat*), neu iôl (*yawl*)), nid bad achub fel y cyfryw. Tybed a fyddai bad achub ar fwrdd y *Tayleur* yn 1866?

91 LlGC, Baledi a Cherddi 5, baled rhif 102, pennill 9, llau 1–4.

Pan roed cynnig i foneddwr
Fynd i'r bad rhag grym y llid,
Dwedai 'Na, myfi addewais
Lynu wrth fy ngwraig o hyd.'
Felly'r ddau yng nghôl ei gilydd
Syrthient gyda'r llong i lawr,
Yno'n fwyd i bysg y dyfnder,
Rhwng agennau'r tonnau mawr.[92]

Yn yr un modd fe foddodd Mr Draper y cenhadwr a'i wraig, a hefyd Dr Woolley oedd yn ddysgedig ym mhob iaith.[93] Dyma golled enbyd, meddir – prif dalentau'r dydd yn boddi. Wedi meddwl mynd i wlad llawnder a chael mwynhau'r trysorau gorau, dyma hwy un ac oll wedi eu tynnu allan o'r byd, o ganol eu cynlluniau a'u gobeithion. A'r neges i ninnau sydd ar ôl yn nhir y byw?

---

92 LlGC, Baledi a Cherddi 5, baled rhif 102, pennill 10.

93 Y mae'r adroddiadau am y llongddrylliad yn enwi'r Parchedig Ddoctor Woolley, a dau weinidog arall o'r enw Draper a Kerr, fel y tri a gymerodd at y pympiau pan aeth y llong i drafferthion, ac yr oeddynt yn gweddïo'n gyfnodol, wedi'u hamgylchynu gan y teithwyr. Cyhoeddwyd coffâd i Daniel J. Draper, cynrychiolydd y Gynhadledd Awstralasiaidd, gan Frederick J. Jobson, *The Shipwrecked Minister, and His Drowning Charge* (London, 1866).

Gymry annwyl, coll'som ninnau
Rai o brif dalentau'r dydd,
Ar eu hôl mae'r dagrau gloywon
Heddiw'n treiglo dros ein grudd;
Ond ymdrechwn fod yn barod
I'w cyfarfod fry'n y nef,
Er cyduno yn yr anthem
Byth o foliant 'Iddo Ef'.[94]

Ond os tybir bod y baledi hyn yn rhai ysgytwol, cyffroyddol, doetheiriog a moesolgar, nid ydynt ddim wrth y baledi hynny a ganwyd i'r llong *Mignonette*. Pyla popeth yn ymyl hon. Yng ngeiriau Hugh Roberts 'Pererin Môn', er cymaint fu caledi aml un ar y moroedd maith ac ar dir, mae'r stori hon am daith y *Mignonette* a'i chriw yn un eithriadol:

Dyma'r mwyaf torcalonnus
O! mae'n brathu fel y dur.[95]

---

94 LlGC, Baledi a Cherddi 5, baled rhif 102, pennill 13.

95 LlGC, Baledi a Cherddi 17, baled rhif 23, pennill 2, llau 3–4; fe'i cenid ar yr alaw 'Morgan Bach', a'i hargraffu gan D. Jones, Amlwch. Atgynhyrchwyd y faled yn Bedwyr Lewis Jones, 'Canibaliaeth ar y moroedd', *Y Casglwr*, cyf. 24 (Nadolig 1984), t. 10.

*Dyma'r unig baentiad o'r* Mignonette *y gwyddys amdano. Ei berchennog yw Barbara Boon o Yarmouth, ac yr oedd y* Mignonette *yn eiddo i Thomas Hall, cefnder i'w thaid, rhwng 1875 ac 1882.*

Dydd Llun, 19 Mai 1884, hwyliodd llong fechan o'r enw *Mignonette* o Southampton am Wlad yr Aur. Llong hwylio oedd hi, ac roedd Jack Want, Awstraliad a chyfreithiwr cyfoethog dros ben, wedi ei phrynu am ei bod yn llong a adeiladwyd yn Lloegr – byddai hynny'n sicr o ychwanegu at ei statws cymdeithasol gartref yn Awstralia. Llong i'w hwylio gyda'r glannau oedd y *Mignonette*, ac nid oedd yn addas o gwbl ar gyfer mordaith faith. Ond mynnodd Jack Want ei chael ac felly fe huriodd griw i'w hwylio i ben arall y byd. Yr oeddynt yn bedwar morwr profiadol: Thomas Dudley yn gapten, a chydag ef Edwin Stephens, Edward Brooks, a'r bachgen ifanc dwy ar bymtheg oed (oedd wedi ffugio bod yn ddeunaw), Richard Parker. Bron i hanner canrif yn gynharach yr oedd Edgar Allan Poe wedi llunio nofel fer, *The Narrative of Arthur Gordon Pym,*[96] ac ynddi fe adroddir am gymeriad o'r enw Richard Parker yn cael ei drywanu gan ei gyd-forwyr a'i fwyta. Tybed a oedd hanes ar fin efelychu celfyddyd?

Ar 5 Gorffennaf suddodd y *Mignonette* yng Nghefnfor Iwerydd, ymhell o olwg tir. I'r dwyrain roedd Affrica (ar ledred Bae Luderitz): rhyw 1,600 o filltiroedd i'r de-ddwyrain roedd Penrhyn Gobaith Da. Tua 680 o filltiroedd i'r gogledd roedd Ynys St Helena, a thua'r un pellter i'r de roedd Ynysoedd Tristan da Cunha.[97] Treuliodd y morwyr ddyddiau lawer ar drugaredd y tonnau mewn cwch bychan agored,

---

96 Gw. yr argraffiad newydd, wedi'i olygu a chyda rhagymadrodd gan J. Gerald Kennedy: Edgar Allan Poe, *The Narrative of Arthur Gordon Pym of Nantucket and related tales* (Oxford, 1994).

97 A. W. Brian Simpson, *Cannibalism and the common law* (London, 1994), t. 49.

yn gwbl ddiymgeledd a chydag ychydig iawn o fwyd a diod. Beth oedd orau i'w wneud? Wedi byw am bymtheng niwrnod ar y môr cynddeiriog roedd 'newyn du' a syched 'bron â llethu'u natur wan' a daeth Capten Dudley i benderfyniad:

> Capten Dudley a gyfeiriodd:
> 'O! gyfeillion, caled yw
> Sôn am un ohonom farw
> Er mwyn cadw'r lleill yn fyw.'[98]

Ond felly yn union y bu. Richard Parker, y llanc ifanc amddifad, er mor annwyl ydoedd, oedd yr un oedd i farw:[99]

> Gwell nag inni drengi'n pedwar
> Ydyw cadw bywyd tri …
> Ac fel rhedai gwaed y glanddyn
> Hwy a'i llarpient oll yn llwyr;

98 LlGC, Baledi a Cherddi 17, baled rhif 23, pennill 6, llau 5–8.
99 Yn ôl y faled Saesneg a ganwyd ar yr un testun ac a gyhoeddwyd gan T. Brooks o Fryste (ar yr alaw 'Dream Faces'), byddai Richard Parker wedi marw pa un bynnag: 'The poor boy lay dying in the bottom of the boat'; am y testun llawn gw. A. W. Brian Simpson, *Cannibalism and the common law: A Victorian Yachting Tragedy* (London, 1994), tt. 254–5.

Roedd eu poenau'n anhraethadwy
Ac nid oes ond Duw a'i gŵyr.[100]

Buont felly am naw diwrnod a naw noson yn byw ar gnawd 'y truan tlawd' hwnnw.

Y pedwerydd dydd ar hugain
Eto 'nghanol poenau mawr,
Angau bron â chael y trechaf,
Yn y cyfwng torrodd gwawr;
A phan welsant yn y pellter
Long mewn hwyliau'n agosáu,
O! fel y ceisient dalu diolch
A diddiwedd lawenhau.[101]

Bron i fil o filltiroedd i'r dwyrain o Rio de Janeiro, fe'u codwyd o'r môr ar 29 Gorffennaf gan long o'r Almaen, sef y *Moctezuma* (a elwir ar gam yn *Montezuma* weithiau) dan gapteiniaeth P. H. Simonsen. Claddodd yr Almaenwyr yr hyn oedd yn weddill o'r bachgen yn y môr, a mynd â'r Capten a'i griw yn ôl i dir eu gwlad.

100 LlGC, Baledi a Cherddi 17, baled rhif 23, pennill 7, llau 7–8; LlGC, Baledi a Cherddi 17, baled rhif 23, pennill 8, llau 5– 8.
101 LlGC, Baledi a Cherddi 17, baled rhif 23, pennill 10.

Dyma stori wirioneddol galonrwygol. Dyma gyfle euraid i Hugh Roberts 'Pererin Môn' fynd i hwyl a gorddramateiddio'i stori. Dyma gyfle di-ail iddo foesoli ynghylch llofruddio cyfaill ac yfed ei waed. Ond nid felly y bu. Mae ansawdd llenyddol y faled hon yn uwch na'r baledi bob dydd, ac mae elfen o gynhesrwydd personoliaeth y baledwr yn ychwanegu at ansawdd foesol y gân. Mae'n dangos elfen glir o gydymdeimlad â chyfyng-gyngor y criw newynog ar y môr, er ei fod hefyd yn gweld mai gweithred ysgeler oedd honno a gyflawnwyd ganddynt, ei bod yn torri cyfraith Duw a dyn, a bod Richard Parker wedi dioddef 'tynged drom … ddu'. Er gwaethaf y gorfoleddu ynghylch gwaredigaeth tri o'r pedwar morwr, roedd cwmwl du o dristwch yn tywyllu'r golwg wrth gofio am aberthu bachgen er mwyn arbed bywydau. O'r herwydd dyma faled wefreiddiol, o galibr llawer uwch na'r cyffredin.

Efallai fod estyn cydymdeimlad i'r capten a'i griw, neu hyd yn oed led gydymdeimlo â hwy yn wyneb gweithred mor ysgeler, yn taro'n chwithig heddiw i forwyr tir sych, ond i ddynion Oes Fictoria roedd gwedd wahanol ar bethau. Awgrym o hynny sydd yn nheitl nofel o waith Neil Hanson, *The Custom of the Sea*,[102] nofel a seiliwyd ar y digwyddiad hwn. Allan ar y môr mawr, mewn sefyllfaoedd oedd y tu hwnt i ddirnadaeth, roedd i ganibaliaeth fesur o normalrwydd, fel yr awgryma'r dewis air *custom*. Mewn cymdeithas wâr mae'n weithred wrthun, un y byddai rhywun yn ffieiddio rhagddi, ond o fewn y gymdeithas forwrol roedd yn ddealledig fod i bethau o'r fath eu lle prin. Nid mater o bwyntio bys at y sawl a gafodd oroesi oedd hi a'u galw'n droseddwyr pen domen. Yn hytrach, mater ydoedd o edrych ar y sefyllfa â llygad oer, ac o weld posibiliadau a allai ddod â lles yn sgil yr afles. Roedd i nifer o'r testunau a drafodai ganibaliaeth agweddau cynyrfiadol, a hyd yn oed elfen bornograffaidd.

102 Neil Hanson, *The Custom of the Sea* (London, 1999). Am enghraifft debyg, ond y tro hwn ddarn a godwyd o ddyddiadur peiriannydd ar y llong, gw. Lowell Thomas, *The wreck of the Dumaru: a story of cannibalism in an open boat* (London, 1931). Ar drywydd ychydig yn wahanol gw. Enoch Jones, *Hanes bywyd Sawney Beane a'i deulu (yr yspeilwyr, a bwytawyr dynion): y rhai a gymmerasant eu preswylfod mewn ogof ar lan y môr, lle buant fyw bum mlynedd ar hugain, heb unwaith ymweled âg un ddinas, tre, na phentref* (Llannerch-y-medd, 1828), hanes a gofnodwyd yn gyntaf ar daflenni baledi *c.* 1700. Yn ddiweddarach, cf. Jhan Hochman, 'The "Lambs" in *The Silence of the Lambs*' yn *The Green Studies Reader: From Romanticism to Ecocriticism*, gol. Laurence Coupe (London, 2000), tt. 299–301.

Manteisid ar y nodweddion hyn yn aml gan y wasg, ac mewn sioeau lle cyflwynid pethau hynod, ac iddynt arlliw o'r ffrîc.

> Like other taboo subjects, it became the subject of jokes, street ballads and comically macabre poems by well-known writers, including Byron, Thackeray and W. S. Gilbert. The nervous humour with which we respond to the unspeakable is one of our ways of assimilating great horrors.[103]

Safbwynt y morwyr eu hunain, fodd bynnag, oedd fod canibaliaeth yn dderbyniol o fewn terfynau, a bod iddi ei defodaeth ei hun. Ysywaeth, yr union elfen ddefodol honno y pwysid arni gan gymuned y môr oedd yr un elfen a hepgorwyd yn achos marwolaeth Richard Parker. Tynnu blewyn cwta oedd yr arfer wrth ddewis pwy i'w aberthu, nid dewis a dethol yn ôl mympwy un. Cafwyd tystiolaeth ysgrifenedig o hynny yn yr ohebiaeth a gadwyd yn dilyn achos tebyg o ganibaliaeth ar fwrdd y *Dolphin*:

103 Claude Rawson, 'The Ultimate Taboo', 16.4.2000 (3 Awst 2007), allan o The New York Times on the Web, query.nytimes.com/gst/fullpage

Letters have been received by the American mail, giving an account of the sufferings of Capt. Baron and his crew in the *Dolphin* sloop, bound from the Canaries to New York; they had been from the Canaries 165 days, 116 of which they had nothing to eat ... The captain and people declare that they had not had any ship provisions for upwards of three months; that they had eaten their dog, their cat, and all their shoes, and, in short, everything that was eatable on board. Being reduced to the last extremity, they all agreed to cast lots for their lives, which accordingly they did; the shortest lot was to die, the next shortest to be the executioner. The lot fell upon one Antony Galatio, a passenger; they shot him through the head, which they cut off and threw overboard; they then took out his bowels and eat them, and afterwards eat all the remaining part of the body, which lasted but a very little while.[104]

104 Nodyn yn y *Gentleman's Magazine* (1759) a ddyfynnir yn *The Oxford Book of Sea Songs*, gol. Roy Palmer (Oxford, 1986), tt. 156–7; canwyd y faled 'The Ship in Distress' i'r achlysur a noder y llinellau a ganlyn: 'Poor fellows all stood titter totter / Casting lots which of them should die', gw. ibid. t. 156.

Fel rheol, troi llygad dall a wnâi'r awdurdodau i achosion o ganibaliaeth a oedd yn ganlyniad i amgylchiadau fel hyn, ond yn achos criw'r *Mignonette* daethpwyd â'r achos gerbron y llys. Nid canibaliaeth, sef p'un a oedd hi'n gyfreithlon i fwyta cnawd ai peidio, oedd y cwestiwn dan ystyriaeth, ond llofruddiaeth. Bu llofruddiaethau lu ar y môr heb i'r un adyn gael ei ddwyn o flaen ei well i ateb am ei drosedd. Penderfynwyd y byddai achos criw'r *Mignonette* yn achos prawf, ac y byddid yn dedfrydu i'r dyfodol ar sail yr atebion a ddaethai o'r achos hwn. Ac felly y clywyd achos Regina v. Dudley and Stephens, yr achos prawf i ddadlau o blaid 'necessity', sef ei bod yn angenrheidiol lladd un er mwyn achub bywyd un arall yn hytrach nag oherwydd hunanamddiffyn. Yn groes i ddymuniad gwlad, ac mewn achos oedd yn llawn anghysonderau, cafwyd y tri diffynnydd yn euog a dedfrydwyd hwy i farwolaeth, dedfryd a newidiwyd yn ddiweddarach i chwe mis o garchar dan amodau tra llym.[105]

---

105 Gellir darllen y manylion cyfreithiol yn A. W. Brian Simpson, *Cannibalism and the common law* (London, 1994). Rhoddir yma fanylion am ddigwyddiadau'r cyfnod dan sylw, y bobl oedd yn rhan o'r hanes, ac amgylchiadau bywyd ar y môr yn y cyfnod.

Ac felly y daw ein taith i gyrrau pellaf y byd i ben. Dichon fod gan yr hen faledwyr ddigon i ni gnoi cil arno, hyd yn oed yng nghanol rhyfeddodau amryliw yr oes hon. Er mor arw rai o'r straeon, er mor swynol ddarnau ohonynt, rhan o'u gwefr ac o'u hapêl yw'r olwg a roddant ar athroniaeth yr hen bobl ar fywyd. Pa mor gnofáus bynnag oedd troeon yr yrfa, yr oedd ganddynt hen ddoethineb o'u plaid, a dynoliaeth fawr i droi ati.

LLYFRAU ERAILL YNG NGHYFRES MONOGRAFF

## Pwy oedd Rhys Gethin?

*Yr ymchwil am gadfridog Owain Glyndŵr*

Cledwyn Fychan

Rhys Gethin, mae'n debyg, yw'r enwocaf o blith dilynwyr Owain Glyndŵr. Yn y gyfrol hylaw, feistraidd hon mae Cledwyn Fychan yn cloriannu'r dystiolaeth am saith gŵr o'r enw Rhys Gethin a oedd yn cydoesi â Glyndŵr, er mwyn barnu pa un ohonynt sydd debycaf o fod y Rhys Gethin 'hanes'. Tynnodd yr awdur nid yn unig ar ffynonellau llên a hanes, ond hefyd ar gyfoeth traddodiadau llafar bugeiliaid mynydd-dir y Canolbarth.

£6.99, 64 tudalen, clawr caled,
ISBN 978-1-84512-058-0

# Gohebydd yng Ngheredigion yn ystod y Flwyddyn Fawr

*Hanes John Griffith (Y Gohebydd) ac Etholiad 1868*

Dylan Iorwerth

Ystyrir mai John Griffith oedd newyddiadurwr proffesiynol cyntaf Cymru. Ni chanolbwyntir yn y llyfryn hwn ar ei adroddiadau o Unol Daleithiau America, nac ychwaith ar ei adroddiadau o'r Senedd yn Llundain, ond yn hytrach ar brif waith ei fywyd, o bosibl – ei ohebu am etholiad chwyldroadol 1868, ac yn enwedig felly o Geredigion. Nid llais hanesydd uniongred a glywch chi yn y cyflwyniad disglair hwn ond perorasiwn gan ohebydd proffesiynol cyfoes sy'n cydymdeimlo ac yn deall.

£6.99, 64 tudalen, clawr caled
ISBN 978-1-84512-057-3

LLYFRAU ERAILL GAN

DR RHIANNON IFANS

A GYHOEDDIR GAN

GYMDEITHAS LYFRAU CEREDIGION GYF.

## Y Golygiadur

*Llawlyfr i awduron a golygyddion*

Rhiannon Ifans

Canllawiau a chyfarwyddyd anhepgor i awduron, golygyddion, cysodwyr, argraffwyr a dylunwyr sy'n ymwneud â pharatoi pob math o destunau yn y Gymraeg.

*Prin y gwelwyd cyhoeddi cyfrol cyn bwysiced â hon yn y Gymraeg ers tro byd.*

— Tegwyn Jones www. gwales.com

£17.50, clawr caled, 448 tudalen,
222 x 142MM, ISBN 184512-026-4

# Yn Dyrfa Weddus

*Carolau ar gyfer y Plygain*

Rhiannon Ifans

Casgliad o 26 o garolau plygain, gyda cherddoriaeth Hen Nodiant a Sol-ffa. Darperir yma ddeunydd i blygeinwyr profiadol sydd eisoes yn rhan o'r traddodiad ac i godi awydd ymhlith cynulleidfa newydd i ddysgu mwy am y canu cyfoethog hwn. Bydd cynnwys y gyfrol hon yn gymorth i gantorion a gwrandawyr fel ei gilydd i roi 'clod i'r Mab bychan ar liniau Mair wiwlan'.

*Dyma gasgliad newydd, cyffrous a hynod werthfawr . . .*

— Gwenan Gibbard www. gwales.com

£8.99, clawr caled, 127 tudalen, 241 x 162MM, ISBN 19024-1698-8